BASTEI
LÜBBE

Renate Axt

Und wenn Du weinst, hört man es nicht

Frauenschicksale hinter Gittern

BASTEI
LÜBBE

BASTEI-LÜBBE-TASCHENBUCH
Nr. 61097

1. Auflage 1986
2.–3. Auflage 1990
4.–5. Auflage 1991
6. Auflage 1993
7. Auflage 1996

Lizenzausgabe: Gustav Lübbe Verlag GmbH,
Bergisch Gladbach
Printed in Germany
Umschlaggestalung: K.K.K.
Gesamtherstellung: Ebner Ulm
ISBN 3-404-61097-0

Für

Astrid
Barbara
Ina
Jos
Kathie
Marlene
Melanie
Olga
Rita
Silvie

Ich ging nicht ins Atelier, ich wartete, daß das Kind von der Schule nach Hause kam, blätterte noch einmal in meinem Vortrag, betrachtete die Katze, die Birke, lief durch die Wohnung und erledigte nebenbei kleine Dinge.

Nach dem Mittagessen mit dem Kind wollte ich in das Frauengefängnis nach Preungesheim fahren.

Nicht mehr freigelassen werden?

Wieder freigelassen werden?

Die Fallen, die man sich selbst stellte.

Überlegungen.

Ich hatte nur zögernd zugesagt, diesen Vortrag in einem Frauengefängnis zu halten. Ich wollte über einen bildenden Künstler sprechen. Ich hatte van Gogh vorgeschlagen. Dabei zweifelte ich, ob die Frauen das Thema van Gogh interessierte, ob sie sich überhaupt für etwas außer den eigenen Problemen interessierten. Sollte ich zunächst von mir erzählen, um einen ersten Kontakt herzustellen? Etwa, ich bin seit drei Jahren geschieden, lebe mit meinem Sohn, der gestern neun Jahre alt geworden ist, und gebe Kunstunterricht an einem Gymnasium. Ich hatte auch einmal andere Pläne. Wegen meiner Bildhauerei hat es immer wieder Auseinandersetzungen in meiner Ehe gegeben. Auseinandersetzungen, die sich zuspitzten, als ich das kleine Atelier mietete. Ein Atelier, das man Tag und Nacht heizen sollte, damit es nicht zu feucht ist. Einige Zeichnungen haben letztes Jahr Stockflecken bekommen, als mein Sohn und ich Ferien an der Nordsee machten. Vier Jahre hat sich der Streit in meiner Ehe so hingezogen. Dann habe ich mich scheiden lassen. Wenn ich einmal einen Entschluß gefaßt habe, bleibe ich fest.

Würde ich in diesem Telegrammstil erzählen? Nein. Ich würde nicht von mir sprechen.

Während der Zug langsam in den Frankfurter Hauptbahnhof einfuhr, versuchte ein Mädchen, die Tür zu öffnen. Erst, wenn der Zug hält, sagte eine ältere Frau. Ich ging zu den U-Bahnen hinunter und suchte auf der Tafel die richtige Bahn nach Preungesheim. Ein Mann stieß mich an. Alle hatten es eilig.

Auf einem Tisch im U-Bahnhof wurden Ballerinenschuhe angeboten. Rote und schwarze Schuhe. Sie sahen merkwürdig aus in dieser Umgebung. Erinnerungen an ein Kindermärchen: Aschenputtel, dem die Schwestern nichts gönnten. Schuhe, die ausprobiert wurden. Ein Schuh paßt. Ein Schuh paßt nicht. Ein Schuh paßt. Ein Schuh paßt nicht.

In einer Ecke vor einem Imbißstand hockten zwei Mädchen barfuß auf dem schmutzigen Boden. Sie sahen aus wie unglückliche Aschenputtel der Gesellschaft. Was wünschten sie sich? Wovon träumten sie? Wahrscheinlich kamen ihre Wünsche und Träume aus einem anderen Stoff.

Es lauerte in den Ecken.

Das Unglück wartete.

Eine Gruppe Ausländer schlenderte dicht an den Mädchen vorbei. Sie bemerkten die Männer gar nicht. Sie hockten voreinander und redeten miteinander. Sie saßen da wie Schwestern, die sich mochten, weit entfernt von der Realität.

Ich mußte mich beeilen.

Ich hasse diese U-Bahnschächte, in denen die Menschen wie ferngesteuerte Wesen hin und her eilen.

Ich werde zu einem Schlafwandler.
Es wird mir schwer zu atmen.
Ich komme mir vor wie ein Kind, das die Buchstaben auf den Anzeigetafeln zwar buchstabieren, aber nicht wirklich verstehen kann.
Ich fand die richtige U-Bahn nach P. und stieg ein.
Auch hier gleichgültige Gesichter.
Bewegungen der Körper im Takt.
Unter sich sehen.
Hinaussehen, ohne zu sehen.
Müdigkeiten.
Eine weibliche Stimme mit erotischem Unterton sagte die Stationen an. Wie mußte diese Stimme morgens auf die verschlafenen Menschen wirken? Diese Stimme rund um die Uhr? Immer in diesem Tonfall? Es fiel niemandem mehr auf.
Die Fahrt dauerte endlos. Ich bedauerte, daß ich nicht mit dem Auto gefahren war.
Die Frau gegenüber stieß mich immer wieder mit ihren dicken Knien aus Versehen an. Es war unangenehm. Sie saß breitbeinig da und hatte die Füße ausgestreckt; eine unförmige Frau, die sicherlich kaum noch gehen konnte. Sie überlegte und sah dabei auf ihre Hände. Der junge Mann, der neben ihr stand, sagte, das dauert noch.
Ich sah im Vorbeifahren ein Stück gelbe Backsteinmauer und darunter eine Reihe Fenster.

Da war sie wieder, die gelbe Backsteinmauer der Kindheit.
In der Nähe der Landgraf-Georg-Straße, nahe beim alten Hallenbad, war früher in D. das Gefängnis gewe-

sen. Es lag mitten in der Stadt. Jetzt standen hier die Gebäude der Technischen Hochschule.

Als Kind fürchtete ich mich, am Gefängnis vorbeizugehen, andererseits machte ich oft Umwege, um daran vorbeigehen zu müssen. Ich wagte kaum hochzusehen. Erst, wenn ich ein Stück an der Mauer entlanggegangen war, konnte ich die oberste Reihe der vergitterten Fenster sehen. Ich hatte nie einen Menschen dort stehen sehen. Es erschien mir, als habe man an einem leeren Haus alle Fenster vergittert. Als stecke eine Absicht dahinter.

Manchmal rannte ich los, wenn ich die vergitterten Fenster sah, weg von diesem Haus in panischer Angst. Als warte man nur auf den Tag, mich einzufangen und mich in dieses Haus zu bringen, mich und andere Kinder.

Einmal sah ich an einem der mittleren Fenster einen Mann stehen. Er winkte mir zu. Ich wollte davonrennen, blieb gebannt stehen und schaute zu ihm hoch. Er hielt plötzlich die Hände seitlich an den Kopf, wackelte mit den Händen und stieß einen Indianerschrei aus. Ich hob ebenfalls die Hände über den Kopf und antwortete ihm. Dann rannte ich zum Messeplatz, wo im Frühjahr und Herbst die Karussells aufgebaut wurden. An diesem Morgen gab es dort nur einen Eiswagen.

Ich kaufte mir ein Eis. Vom Eiswagen aus konnte ich das Gebäude und die Fenster des Gefängnisses nicht mehr sehen.

Ich nahm das Eis, schlenderte zurück; der Mann stand nicht mehr da. Ich dachte, er kann sich kein Eis kaufen.

Ich hatte mir als Kind einen Gefangenen nicht vorstellen können. Ich dachte an eine der bösen Figuren aus den Märchen. Gefangensein verband sich mit dem Begriff bös; ich gebrauchte auch die Worte finster und dunkel.

Aber dieser Gang an der Gefängnismauer entlang war aufregend.

Hatte etwas von Verbotenem.

Er war für mich ähnlich aufregend wie der Gang in den Keller zum Kompott holen. Doch der Gang in den Keller war bedrohlicher.

Ich stritt oft mit der Schwester, wer denn nun an der Reihe sei, in den Keller zu gehen.

Im Keller war die Gefahr näher.

Die hohen Gefängnismauern schützten mich vor der unmittelbaren Gefahr.

Ich war außerhalb.

Ich konnte davonlaufen.

Ich war frei.

Der Gefangene hinter dem vergitterten Fenster hatte meine kindliche Vorstellung vom Bösen durcheinandergebracht. Jetzt dachte ich mir andere Geschichten aus. Sah ihn als Helden, den man ungerechterweise eingesperrt hatte. Ich dachte an einen Zauber, der ihn veranlaßt hatte, Böses zu tun. Er verwandelte sich in meiner Phantasie in einen Ritter in weißer Rüstung.

In einen Vogel.

In einen Stein.

Etwas war ihm angetan worden.

Ich dachte mir auch Geschichten aus, wenn ich vom ersten Stock hinunter in den Keller gehen mußte.

Ich stand immer ängstlich vor der eisernen Kellertür

mit dem schweren Rad, das ich nur mit Mühe aufdrehen konnte, um die Tür mit Gewalt aufzuziehen.
Irgendwo lauerte es.
Ich rannte den Gang entlang, vorbei an den anderen privaten Kellerräumen, und erst, wenn ich im eigenen Kellerraum war, fühlte ich mich sicherer. Die Gefahr kam von den anderen verschlossenen Lattentüren.
Vor dem Regal mit den Stachelbeeren und den schwarzen Kirschen vergaß ich für Momente die Angst. Ich durfte auswählen. Die Pfirsiche schwammen im Glas, trieben nach oben, sahen aus wie umgestülpte Sonnendächer auf einem See. Ich überlegte, bis ein Geräusch mich erschreckte. Ich griff rasch nach den schwarzen Kirschen und rannte gehetzt zurück. Den Feind immer in unmittelbarer Nähe wissend.
Erst, wenn die Tür geschlossen und das Rad gedreht war, fühlte ich mich sicher.

Die Frau gegenüber stieß mich wieder mit ihren dicken Knien an. Ihr Kleid war hochgerutscht. Die Strümpfe spannten an den Schenkeln. Die Strümpfe spannten so, daß das Fleisch am Oberschenkel herausquoll. Es sah unappetitlich aus.
Ich mußte wegsehen. Und doch empfand ich Mitleid mit dieser alten Frau mit den unförmigen Beinen, dem unförmigen Körper.
Der Zug fuhr jetzt an einer Reihe Pappeln vorbei. Ich hatte Pappeln gern. Es waren die Bäume der Kindheit. Bei meiner Geburt hatte man Pappeln gepflanzt.
Ich hing dem Wort Feind nach. Ein alltäglich gebrauchtes Wort in der Kindheit. Ich hatte mir nichts Konkretes unter dem Feind vorstellen können. Von

dem Wort Feind ging eine Bedrohung aus. Eine andere Bedrohung als die, die hinter den Lattenverschlägen lauerte. Weniger faßbar.
Von meinem Kinderzimmerfenster aus konnte ich die Pappeln, den Rand eines Fabrikdaches und ein Stück Mauer sehen, das das Nachbargrundstück und seine Fabrikgebäude abgrenzte.
Wir spielten als Kinder oft an der Teppichstange, die an der Mauer zum Nachbargrundstück angebracht war. Wir machten dort die Knieschaukel und lachten, wenn die Röcke über die Köpfe fielen und wir nichts mehr sahen. Wir versuchten, über die Mauer zu sehen, die mit Glassplittern gespickt war.
Einmal hörte ich Stimmen, aber ich verstand nicht, was gesprochen wurde. Ich versuchte, mich hochzuziehen und das Knie so aufzustützen, daß es zwischen den Glassplittern Platz fand. Ich sah zwei Männer in unförmigen Anzügen.
Es sind gefangene Russen, sagte man mir. Sie arbeiten zwangsweise in Deutschland.
Ich verstand die Worte Brot und Kartoffeln, und ich wußte, daß diese Menschen Hunger hatten. Ich wußte, daß ich ihnen helfen konnte, und die Tatsache, daß erwachsene Männer mich um Hilfe baten, gab mir ein Gefühl der Überlegenheit als Kind.
Ich rannte los. Rannte in die Küche und holte heimlich Brot. Wußte instinktiv, daß man mir verbieten würde, Brot dorthin zu bringen. Ich warf das Brot über die Mauer. Ich konnte nicht sehen, was sie damit machten, da ich unterhalb der Mauer stand.
Es zog mich magisch zur Mauer.
Sie baten mich eines Tages, Kartoffelschalen zu holen.

Ich holte Kartoffelschalen aus dem Abwaschbecken und nahm nur so viele schon geschälter Kartoffeln mit, daß es nicht auffiel.
Ich zog mich an der Teppichstange hoch, versuchte, oben auf der glasgespickten Mauer Halt zu finden, und warf die Schalen und die Kartoffeln rüber. Sie fielen in den Schmutz. Die Männer lasen die Schalen auf und stopften sich die Kartoffeln in den Mund.
Ich wunderte mich, daß sie sie roh aßen. Und ich schämte mich, daß sie so dankbar waren.
Ich hätte nicht sagen können, warum ich es getan hatte, aber ich hatte meine Puppe später in den Puppenschrank gesperrt. Ins Dunkle, hatte ich zu ihr gesagt, und sie einen Tag lang nicht mehr herausgeholt.
Ruth, du bist trotzig, hatte meine Mutter gesagt.
Ich wurde eines Tages dabei entdeckt, als ich Brot über die Mauer warf, und durfte von da an nicht mehr zur Mauer und zur Teppichstange gehen.
Die Teppichstange wurde abmontiert.
Sie sagten etwas von Feind und Gefahr und Gefangenen.
Manchmal ging ich doch heimlich zur Mauer. Aber ich konnte nicht mehr darüber sehen. Ich konnte die Männer nicht mehr sehen, und ich hörte sie auch nicht mehr.
In dieser Zeit gab es viele Verbote. So auch das Verbot, mit einer älteren Freundin zur Konfirmandenstunde zu gehen. Ich ging doch, und die Erwachsenen waren viel zu beschäftigt, um es zu bemerken.

Die Frau gegenüber holte ein Paket mit Keksen aus der Tasche und fing an zu knabbern. Der junge Mann lächelte mir zu und blickte dann zur Frau hin. Die Frau hatte Hunger. Sie konnte essen, wann immer sie Lust hatte.

Ein halbes Jahr später damals, ich hatte schon die Gefangenen hinter der Fabrikmauer vergessen, wußte ich auch, was Hunger war. Es gab sehr wenig zu essen. Einmal hatte ich auf dem Weg von der Schule nach Hause versucht, Gras zu essen. Ich hatte Gras in den Mund gesteckt und wieder ausgespuckt.
Ich blieb an dem Wort gefangen hängen.
Warum hatte man die Frauen eingesperrt? Isoliert? Auf diese Weise bestraft? Ich wehrte mich gegen den Gedanken, daß man Frauen einsperrte. Daß man ein solches Mittel zur Bestrafung wählen konnte.
Als Kind waren die Begriffe Recht und Unrecht, gut und böse einfach gewesen. Was böse war, wurde direkt bestraft.
Erschreckender war schon, was der jetzt neunjährige Martin, Sohn einer Freundin, getan hatte: Was bös ist, tötet man, hatte er gesagt und war mit voller Wucht auf eine rote Schnecke getreten.

Mir fielen die Ratten ein. Sie sollten getötet werden. Die Ratten, die plötzlich auf dem Gelände zwischen den einzelnen Fabrikhöfen und unserem Wohnblock aufgetaucht waren. Sie waren auch da, wo ich manchmal den Puppenwagen in die Sonne unter die Pappeln schob.
Mein Vater hatte die Ratten vergiftet. So lagen sie mit langausgestreckten Körpern in der Sonne.
Die Eltern hatten mir gesagt, geh nicht dahin Ruth, die

Ratten beißen dir die Füße ab. Wie sie gesagt hatten, geh nicht zu den gefangenen Russen, sie haben Messer bei sich.
Die Ratten lagen in der Sonne und sahen gar nicht gefährlich aus. Ihr Fell glänzte, und sie taten mir leid.

Hier müssen Sie aussteigen, sagte die Frau. Sie hatte sehr langsam drei Kekse gegessen und die anderen wieder verstaut.
Ich stieg als einziger Fahrgast aus. Ich fühlte mich unsicher. Niemand war in der Nähe, den ich um Auskunft bitten konnte.
Es hatte angefangen zu regnen, und ich hatte keinen Schirm dabei. In welcher Richtung lag das Frauengefängnis? Ich hatte erwartet, es gleich von der Haltestelle aus zu sehen. Ich fror und wäre am liebsten umgekehrt.
Selbst wenn jetzt ein Passant käme, würde ich ihn nicht gern um eine Auskunft bitten. Würde ich sagen, wo geht es zum Frauengefängnis, um hinterher gleich entschuldigend zu sagen, ich gehe nur besuchsweise dorthin. War dieser Nachsatz überflüssig? Ging man nicht einfach als Strafgefangene ins Gefängnis?
U. hatte immer vom Knast gesprochen. Du gehst also in den Knast.
Gingen sie? Wurden sie in Handschellen abtransportiert, wie ich es schon einmal gesehen hatte, als sie Kathies Mann abführten. Wenn ja, mußten sich die Bürger von Preungesheim an die vergitterten Polizeiwagen gewöhnt haben. Würde es mich stören, in der Nähe eines Gefängnisses zu wohnen? Täglich den Anblick der Gefängnismauer vor sich. Es würde mich stören.

Wohin jetzt?
Ich ging nach links. Links gab es kleine Läden. Ich entschied mich für einen Laden mit Parfümerien. Im Laden standen zwei Frauen im Gespräch. Ich ging auf sie zu.
Wo geht's lang zum Gefängnis? Ich hatte mich auf eine erstaunte Reaktion gefaßt gemacht.
Eine Verkäuferin mit blauen Kniestrümpfen und einer Perlenschnur im Haar unterbrach ihr Gespräch sofort. Ach, Sie wolle en Besuch mache? Oder sind Se vielleicht ehrenamtliche Helferin? Sie sprach den schönsten Frankfurter Dialekt, und sie schien nicht überrascht. Sie sprach und war nicht mehr zu bremsen.
Die Frau neben ihr hielt ihr Geld hin, wollte offensichtlich eine Tube Zahnpasta bezahlen, aber dafür hatte die Verkäuferin jetzt keine Zeit.
Ich wor emal ehrenamtliche Helferin. Awwer seid mei Gefangene entlasse is, war ich net mehr drin. Und die Knastschwester meld sich net mehr. Falsche Scham vielleicht. Na, die will halt vom Knast nix mehr wisse, und zum Knast gehör ich noch mit dazu.
Die Verkäuferin sah mich an, wartete auf eine Antwort. Es is gut, daß Se da rin geh'n.
Ich schaute mich um. Sollte ich etwas ins Gefängnis mitnehmen?
Sehe Se sich net um, Puder und Crems dürfe se net mitbringe. Dabei könnte die dort so nötig was gebrauche. Immer die trocke Luft da drin. Trocknet die Haut aus. Macht schnell alt und faltig. Mir tun die Mäddcher leid. Awwer mitbringe derfe Se nix unangemeld. Dabei täte se es so nötig gebrauche. Awwer nix is, net erlaubt, wege dem Rauschgift. Die verdächtige jede.

Man weiß net, was in dene Töpfcher drin sei könnt. Und jetzt gehe Se halt di Straße erruff und dann nach rechts. Sie sehe schon die Mauer. Und daran entlang gehe und zur Pforte. Finde Se schon.
Also viel Glick.
Sie kassierte das Geld für die Zahnpasta und nickte verschwörerisch.

Es fing an, in Strömen zu regnen.
Ich ging schnell, und dann sah ich die Mauer. Ebenfalls aus Backsteinen, aber sie erinnerte nicht mehr an die Gefängnismauer aus der Kindheit.
Dies war die Realität.
Die Mauer war höher, als ich erwartet hatte, und mit zwei Rollen Stacheldraht oben zusätzlich gesichert. Wie damals konnte ich jetzt auch eine Reihe vergitterter Fenster sehen.
Es stand keine Gefangene da und winkte.
Am Gitter eines der mittleren Fenster hing eine Plastiktüte. Sie pendelte leicht im Wind. Vielleicht hatte jemand Lebensmittel darin aufbewahrt?
Ob sie einen Kühlschrank benutzen konnten?
Ich wußte wenig über die Situation der Frauen da drinnen.
Seltsam verloren hing die Plastiktüte da.
Das Gefängnis nahm ein ganzes Viertel ein. Der Gebäudetrakt für das Männergefängnis schloß sich dem Frauengefängnis an. Am oberen Ende der Mauer zum Frauengefängnis war ein kleiner Parkplatz, da war auch die Pforte. Auf dem Parkplatz stand nur ein alter VW. Viel Parkplatz brauchten sie offensichtlich nicht vorm Knast.

Ich merkte, daß ich mit großer Empfindlichkeit alles registrierte. Ich sah das Drehkreuz vor dem Eingang zum Gebäude. Es gab ein großes Eisentor und darin eingelassen eine kleine, eiserne Tür.
Ich stieß an das Drehkreuz, es gab nicht nach. Einer der Beamten in Uniform, der seitlich aus dem erhöhten Fenster sah, entdeckte mich. Er drückte auf den Knopf, das Drehkreuz gab nach. Es waren nur wenige Schritte bis zu dem erhöhten Fenster des Seitengebäudes. Am unteren Teil des Fensters wurde eine Schublade nach außen gedrückt. Die Beamten sahen mich an.
Paß!
Ich legte meinen Paß in die Schublade. Sie wurde mit einem Ruck wieder reingezogen.
Name!
Ich antwortete nicht, schließlich stand mein Name im Paß. Sind Sie angemeldet? Ja. Der Beamte sah nach und telefonierte.
Es regnete stärker. Ich stand ungeschützt da und wartete. Wenn ich noch länger warten müßte, würden die Hosen durchnäßt werden. Sie klebten jetzt schon an den Beinen, besonders unangenehm an den Oberschenkeln.
Einer der Beamten machte eine Kopfbewegung zum kleinen Eisentor hin.
Ich sah ihn an.
Alle, die hier ankamen, mußten die Beamten von unten nach oben ansehen. Hinaufsehen!
Die Beamten waren schon durch solche Kleinigkeiten überlegen.
Ich stand da und war nun ein Bürger ohne Paß. Stand vor dem Frauengefängnis in P. wie jede Frau, die hier ankam, um ihre Haftstrafe anzutreten.

Die Tür öffnete sich automatiscn. Und sie schnappte hinter mir automatisch wieder zu.
Ich war im Knast.
Welch ein Gefühl mußte das sein, hier als Gefangene zu stehen? Hinter einer Tür, die automatisch zugeschnappt war wie eine Falle. Eine Tür, die sich nicht mehr so rasch öffnen würde?
Ein junger Beamter kam aus der Seitentür der Pforte und forderte mich auf, alle Gegenstände auf einen braunen, niedrigen Schrank zu legen. Mit einem Suchgerät kam ein anderer Beamter. Für mich sahen die Männer wie Polizisten aus in ihren Uniformen.
Die Situation war unangenehm.
Einer der Beamten zeigte nun mit dem Suchgerät auf mich. Sofort spürte ich das Kribbeln im Magen, ausgelöst durch die Haltung des Beamten und des Suchgerätes.
Er kam mit dem Suchgerät näher auf mich zu.
Ich fühlte mich bedroht und sagte forsch, sieht ja aus wie ein verlängerter Lockenstab.
Keiner antwortete darauf oder lächelte auch nur.
Ich mußte die Arme hochheben. Der Beamte tastete mit dem Gerät aus geringer Entfernung Arme, Beine, den ganzen Körper ab. Jetzt war er an der rechten Körperseite. Das Gerät gab einen merkwürdig hohen Ton.
Ich fror.
Keine Ahnung, warum das Ding losgeht, sagte ich entschuldigend. Ich fühlte mich ertappt, ohne zu wissen warum. Ein Knopf an der Jacke war schuld.
Der Beamte sagte nichts.
Wie konnte man etwas durch diese Kontrolle schmuggeln? Ich hatte gelesen, daß in den Strafvollzugsanstal-

ten Stoff leicht zu haben war. Wie wurde er nur reingebracht?
Legen Sie Ihre Sachen in ein Schließfach in dem Raum dort. Den Schlüssel können Sie mitnehmen. Die Aufzeichnungen auch und die Bücher, Stifte und Zeichnungen. Er deutete zu einem großen Gittertor. Gehen Sie dorthin und warten Sie bitte.
Ich ging nun zum Ende des Durchgangs in Richtung zu einem Hof hin und stand wieder vor einem Gitter. Die oberen Stäbe waren in die Decke eingelassen. Auch hier gab es eine kleine Pforte. Dort mußte ich warten. Wenigstens stand ich nun im Trockenen.
Am oberen Treppenabsatz eines Backsteingebäudes, das wie eine Backsteinkirche aussah und auch eine war, wie ich später erfuhr, erschien eine junge Frau.
Ein Summton, und das kleine Gittertor ließ sich öffnen.
Ich ging langsam über den Gefängnishof.
Vorstellungen aus Filmen; Männer, die hier unter Aufsicht ihre Runden drehten. Keine Vorstellung von Frauen.
Die Frau oben, schlank in einem hellen Rock und weißer Bluse, sah zu mir runter und lächelte. In diesem Moment ging vom Seiteneingang eines Nebengebäudes die Tür auf, und Mädchen und Frauen in blassen, blauen Kitteln über Röcken und Hosen kamen in Grüppchen heraus. Sie trugen Aluminiumschüsseln vor sich her. In den Schüsseln lagen abgeschnittene, ungeschälte Gurkenstückchen. Ich würde diese Gurkenstückchen nicht essen können.
Die Mädchen sahen kaum zu mir hin, unterhielten sich und verschwanden in einem Nebentrakt.

Sie sind ja total durchgeweicht, sagte Frau B.
Ich habe meinen Schirm vergessen, wie meist.
Ich vergesse meinen Schirm auch immer.
Wir wußten sofort, daß wir uns sympathisch waren.
Frau B. war nervös. Heute ist ein ungünstiger Tag, ich wollte Sie noch anrufen, um einen anderen Termin zu vereinbaren, aber es klappte nicht mehr.
Während wir ins Gebäude gingen, erzählte sie, daß die inhaftierten Frauen nach der neusten Anweisung bis auf unbestimmte Zeit gleich nach der Arbeit eingeschlossen werden sollten, da man für die über dreihundert Frauen und Jugendlichen zu wenig Aufsichtspersonal habe. Durch die Anzahl der Drogenabhängigen in Preungesheim habe sich die Situation verändert; sie seien überbelegt.
Ich wurde zum ersten Mal mit der Knastwirklichkeit, der Knastsprache, dem Leben in einem Frauengefängnis konfrontiert.
Einschluß hieß, man schloß Frauen ein.
Verriegelte die Zellen. Die Frauen konnten sich auf ihrem Trakt nach der Arbeit nicht mehr frei bewegen bis zum abendlichen Einschluß.
Einschluß hieß Verschließen der Zellen von außen.
Es war schwer, sich das vorzustellen.
Ich fror; war tatsächlich bis auf die Haut naß.
Frau B. schloß die Tür hinter uns ab.
Vor uns lag ein langer Gang; Türen rechts und links, der Bürotrakt. Es sah aus, als befinde man sich in einem Schulgebäude. Am Ende des Ganges war eine Glastür mit bunten Steinen.
Die Umgebung sah freundlich aus.
Frau B. schloß die Glastür auf.

Schlagartig hatte sich die Situation verändert. Ich war im Inneren des Gefängnisses, in der Strafvollzugsanstalt.
Hier wurde die Strafe vollzogen.
Ich dachte an meinen Sohn und daß ich an ihm eine Strafe vollziehen würde. Der Begriff sagte etwas aus, ähnlich wie die Begriffe Sicherheit und Ordnung.
Nichts mehr von Freundlichkeit.
Diese bunte Glastür trennte die Freien von den Unfreien. Die Frauen, die den Schlüsselbund in der Hand hatten und auf- und zuschlossen, von denen, die eingeschlossen wurden.
Hier endete die Freiheit endgültig.
Durch diese Tür ging man als Inhaftierte zum Zellentrakt in die Zelle. Durch sie ging man als freier Bürger nach verbüßter Strafe wieder hinaus.
Das Bild würde sich einprägen: eiserne, filigranartig durchbrochene Treppen zu den einzelnen Stockwerken hinauf.
Eiserne Gänge.
Gittertüren mit Eisen gespickt.
Zellentüren.
Gänge sternförmig ausgebreitet.
Wir standen unter einer Aufsichtskabine, einem künstlichen Hochstand; nur gab es kein Wild zu jagen, keines zu beobachten.
Ich sah das Aufsichtspersonal nicht, aber das Personal hatte einen Überblick über alle Zellengänge und Türen. Zusätzlich waren Spiegel angebracht. Von unten sah man nur die Glasscheiben der Kabine.
Eine der Frauen war aufgestanden und sah zu uns hin. Sie trug einen blauen Kittel wie die gefangenen Frauen,

die ich zuerst gesehen hatte, und unterschied sich so nicht von ihnen.
Frau B. ging jetzt links auf eine Tür zu, es war die Bibliothek. Mit Reißbrettstiften war ein kleiner Zettel angebracht mit meinem Namen, Uhrzeit und Thema des Vortrages.
Frau B. schloß die Tür auf.

Die Bibliothek war ein verhältnismäßig freundlicher Raum, obwohl auch hier ein neuer Putz notwendig gewesen wäre. Es gab einen runden Tisch, einige Stühle, den Schreibmaschinentisch und die Schreibmaschine, Karteikarten und übersichtlich angeordnete Bücher. Man fand sich schnell zurecht.

Die hohen Fenster gingen zu einem Hof hinaus.
Frau B. sah sich unschlüssig um und rückte einige Stühle in einen Kreis.
Wir werden Sie ausrufen.

Ich ging nun hinter Frau B. her, die die Bibliothek wieder abschloß. Nun begann der unangenehme Vorgang des Auf- und hinter sich Zuschließens. Wir mußten in das erste Stockwerk, um zur Aufsichtskabine zu gelangen.

Jeder Trakt, jeder Gang wurde von einem Zwischengitter abgeschlossen, das relativ niedrig war und das die einzelnen Stationen voneinander trennte. Man hätte trotz der Eisenspitzen, die recht kunstvoll aussahen, leicht darüber klettern können, aber wozu? Von der Aufsichtskabine aus war alles überschaubar, und bei einer Kletterei wäre man nicht weit gekommen, höchstens zu einer anderen Station, einer anderen Gefängnisabteilung.

Frau B. schloß das erste kleine Gitter auf und hinter mir zu. Wenige Treppenstufen, das nächste Gitter. Wieder einige Stufen, noch ein Gitter.
Ein eiserner Steg führte zur Aufsichtskabine.
Auch hier erst wieder das Auf- und hinter mir Zuschließen. Dieser Vorgang würde sich wiederholen, wenn wir in wenigen Minuten wieder hinuntergingen zur Bibliothek.
Wie oft hatte sie nun auf- und zugeschlossen?
Bekommen Sie nicht manchmal Alpträume? Bekommen alle anderen, die hier die Schlüsselgewalt haben, nicht Alpträume? Und ist es nicht äußerst mühsam und zeitraubend?
Ja!
Manchmal träume ich davon. Ich schließe auf. Ich schließe zu.
Wir waren nun an der Aufsichtskabine. Es saßen zwei Frauen da, die ihren Kaffee tranken. Sie wirkten freundlich, aber ich war nicht bereit, Freundlichkeit zu akzeptieren. Da saßen diejenigen Frauen, die andere Frauen beobachteten, Macht über sie hatten von Amts wegen.
Ich konnte mir nicht vorstellen, welcher Typ Frau hier arbeitete. Aber da ja gerade aus Personalmangel noch strengere Regeln und einschneidendere Maßnahmen eingeführt werden sollten, mußte man akzeptieren, daß es überhaupt Frauen gab, die freiwillig hier Dienst machten.
Ich war mir bewußt, daß ich trotz allem diesen beiden Frauen gegenüber wenig Wohlwollen empfand.
Im Grunde war auch klar, daß umgekehrt ein qualitativer und quantitativer Mangel an Dienstgruppen

durch das Fehlen von Stellen im Stellenplan, vor allem das Fehlen von Personal für Bildungsaufgaben, von Psychiatern und Psychologen, katastrophale Folgen haben mußte für die inhaftierten Frauen.
Ich fühlte mich äußerst unbehaglich auf dem eisernen Steg; der Blick von oben traf mich wie ein Schock. Wie mußte man sich fühlen, wenn man hier eingesperrt war? Ich hatte das Gefühl, in einer solchen Umgebung unterzugehen.
Mich zu verändern.
Nicht mehr ich selbst zu sein.
Wenn ich Wochen oder Monate in einer solchen Umgebung leben müßte? Ich war überzeugt, daß ich, selbst wenn ich wie jetzt als freier Mensch dastand, keine Strafe zu verbüßen hatte, hier depressiv würde, ohne Selbstvertrauen und mich in mich selbst verkriechen würde.
Ich schaute mich um.
Es gab Fenster an einer Längsseite im Inneren dieses Frauengefängnisses, aber sie waren vergittert. Selbst, wenn man sich an das Gitter gewöhnen würde, die Fenster nach draußen halfen nicht, das Gefühl der Bedrohung zu mildern. Die Umgebung bestand aus eisernen Gängen, Treppen, Zellen, Wänden; Wänden, die einmal farbig gestrichen waren, deren Farbe aber längst abgeblaßt war.
Alles wirkte grau und schmutzig.
Es gab keine Geräusche von draußen. Keinen Straßenlärm, nichts, was als lebendiges Leben von außen nach innen drang. Auch dies mußte zum Gefühl der Isoliertheit beitragen. Hier würde ich vergessen zu riechen, zu hören und zu fühlen.

Ein einziger Nachmittag in einer solchen Umgebung genügte, um zu begreifen, daß diese Umgebung nur Passivität bewirken konnte.
Nichts Lebendiges hatte.
Tot war.
Zum Unlebendigsein verurteilte.
Ein solches Haus, in dem Frauen dicht nebeneinander lebten, hatte Heimcharakter.
Frauen unter sich, Frauen von Frauen verwaltet, Frauen auf engstem Raum. Sie konnten einander nicht entgehen. Sie waren sich ausgeliefert. Frauen oder Mädchen, mit verschiedenster Erziehung, Herkommen, Schicksal. Wie mußten Aggressionen sich auswirken in einer Umgebung, in der man sich gegenseitig anschreien, aber nicht entgehen konnte?

U. hatte mir gesagt, und er hatte die entsprechende Stelle im Strafvollzugsgesetz herausgesucht: Die Aufgabe des Strafvollzugsgesetzes ist es, den Straftätern zu einem rückfallfreien Leben in sozialer Verantwortung zu helfen.
Er hoffe, daß das Gefängnis diese labilen und schwachen Menschen verändern könne.
Es müßte einmal ein Experiment gemacht werden, dachte ich, daß einige Menschen freiwillig in den Knast gingen. Ohne Sonderstellung, ohne, daß andere es wüßten, außer der Gefängnisleitung, um die Veränderung, die mit ihnen in einer solchen Strafanstalt vor sich ging, zu erleben.
Sie stünden zwar nicht unter dem Druck des schlechten Gewissens, aber sie könnten nachprüfen, wie ein solcher Tages- und Nachtablauf eines Lebens in Gefan-

genschaft, ohne die Möglichkeit, für sich selbst zu entscheiden, zu handeln, aktiv zu sein, wirkte.
Ich hörte plötzlich meinen Namen laut und unangenehm durch den Knast schallen.
Ich zuckte zusammen. Dies war also der Ausruf über Mikrofon. Meinen Namen mußte man in jeder Zelle hören. Ich schämte mich fast, daß ich frei war. Inzwischen war offensichtlich der Arbeitstag im Knast zu Ende, und die Frauen liefen auf ihren Gängen herum.
Ich sah zu Frau B. hin, die mir den Rücken zudrehte und schon auf das erste Zwischengitter zuging. Ich wollte sagen, ich gehe, aber hatte nicht den Mut dazu.
Ich zwang mich zu bleiben und wäre, wenn ich nur gekonnt hätte, gerannt, so schnell es ging; nur hinaus.

Alles um mich war in Bewegung.
Um den Ausruf jedoch schien sich keine der Frauen zu kümmern. Niemand hatte zu mir hoch gesehen. Sicherlich waren sie an die Mikrofonstimme gewöhnt.
Jetzt wurde noch einmal mein Name ausgerufen.
Frau B. schloß das erste Gitter hinter mir ab.
Rechts sah ich jetzt ein Mädchen mit einer grünen Plastikschüssel. Sie ging zu einem winzigen Waschbecken ans Ende des eisernen Stegs, hin zum Ende des Trakts.
Sie holte Wasser. Gab es kein Waschbecken in den Zellen?
Nein, nur in wenigen.
Ich hielt mich dicht hinter Frau B.
Einige Mädchen standen jetzt unten in der Nähe der Bibliothek, sie wollten sicherlich zum Vortrag kommen. Eines der Mädchen schrie von unten etwas hin-

auf zur Aufsichtskabine. Eine der Frauen öffnete die Kabinentür und schrie etwas hinunter. Das Mädchen brüllte wieder hinauf. Es schien ihr Spaß zu machen. Offensichtlich war es üblich, daß man nach der Aufsicht schrie, wenn man etwas wollte. Und es mußte geschrien werden, da die Tür zur Kabine meist geschlossen war.

Dieses Ausrufen von der Kabine aus über Mikrofon hin zu den Zellen und das Zurückrufen von unten zur Kabine sollte ich später noch oft hören. Es hatte etwas Entwürdigendes.

Sie schrien wie Kinder oder wütende Frauen. In diesem Schreien lag Trotz und Aufbegehren.

Sie schrien, um sich Luft zu machen, um lebendig zu sein.

Warum konnten sich jetzt einige Frauen im Parterre vor der Bibliothek und der Glastür, in dem Stück Raum vor den Zellentrakten, frei bewegen, wenn Frau B. gerade noch sorgsam alles abgeschlossen hatte?

Die Erklärung war einfach. Wer mindestens vier Wochen im Haus inhaftiert war, durfte an den verschiedenen Veranstaltungen teilnehmen. Die Veranstaltungen fanden in der Regel von 18.30 Uhr bis 20.30 Uhr statt. Samstags von 15.00 Uhr bis 20.30 Uhr und sonntags von 15.00 Uhr bis 17.00 Uhr. Man brauchte dazu eine Genehmigung, und eine Fürsorgerin notierte auf einer Karte der Inhaftierten, an welchem Kurs sie teilnahm.

Wenn ich hier wäre?

Gerade in den ersten Wochen würde es mich besonders hart treffen, an nichts teilnehmen zu dürfen.

Selbst, wenn in den ersten vier Wochen sich ein gutwilliger, mir fiel nur das Wort gutwillig ein, Therapeut

mit mir beschäftigte, wieviel Zeit würde er tatsächlich haben, um sich mit mir, einer einzigen Inhaftierten, zu beschäftigen? Mehr als 300 Frauen und Jugendliche brauchten im Grund intensive Hilfe und Betreuung.
Ohne auch nur eine der Frauen gesprochen zu haben, empfand ich ihre Situation als ungerecht, hoffnungslos und sinnlos.
Für ein Mädchen wie Kathie, wenn sie hier landete, selbst, wenn sie nicht an Dop rankam oder keines nehmen würde, wenn man es ihr anbot, wäre das Leben hier zerstörerisch. Sie, die jetzt schon nicht zu sich fand, sich nicht selbst helfen konnte, würde hier noch gründlicher versagen.
Hier eingesperrt zu sein, würde ihr den Rest Selbstwertgefühl nehmen.
Hier würde sie nach anfänglichem Aufbegehren sicherlich stumpf werden. Versuchen, jeden Tag hinter sich zu bringen, möglichst, ohne zu denken, möglichst, ohne die Umgebung bewußt wahrzunehmen.

Ich hatte die ganze Zeit versucht herauszubekommen, worin das Gefährliche dieser Umgebung lag. Dieser Sog zum Sichgehenlassen, nur einen Fuß vor den anderen zu setzen. Hier spürte man nichts mehr, kaum die Jahreszeit; war isoliert.
Vielleicht, daß man einen Baum sehen konnte von seiner Zelle aus, der sich im Frühjahr und Herbst veränderte, aber im Grund war man vom Fühlen, Denken, Leben draußen ausgeschlossen.
Die Wände ringsum hatten etwas von einem Einschließen, das die Luft nahm, die Bewegungen verzögerte,

sich auf einen legte wie ein Tuch, unter dem man behutsam, aber ohne sich wehren zu können, langsam erstickte.

Frau B. schloß das letzte Zwischengitter auf und zu. Ließ mich vorangehen.

Die Frauen waren verschwunden, nur ein Mädchen stand noch unschlüssig herum.

Oben auf den Gängen war lebhafter Betrieb. Es gab Radiomusik, die verschiedenen Geräusche klangen unangenehm.

Die Frauen, die ich flüchtig gesehen hatte, waren mir alle noch jung erschienen.

Das Mädchen, das Wasser in der Plastikschüssel geholt hatte, hatte schmal und kindlich ausgesehen. Ich sah auf den Boden; Beton und Eisen, trostlos. Ich stellte mir vor, daß ich es sei, die dort oben wäre, um Wasser zu holen, später in die Zelle gehen würde und wo ich auch sei, dieser Lärm um mich herum nicht aufhörte, mich verfolgte.

Frau B. schloß die Bibliothek auf.

Vielleicht kommt niemand; es war ihr peinlich, so als sei sie dafür verantwortlich.

Ich setzte mich auf den Schreibtisch und sah hinaus. Draußen war ein kleiner Hof, ein wenig Rasen, und ein Kastanienbaum stand da.

Der Hof wurde wiederum von einer hohen Gefängnismauer abgeschlossen.

Auf der anderen Seite war das Männergefängnis. Ich sah eine Reihe Fenster.

Rauchen war in der Bibliothek nicht erlaubt. Ein Schild an der Tür wies darauf hin. Frau B. rauchte doch, das war sympathisch. Ich hatte zwar ein Päckchen Zigaretten für die Frauen mitgebracht, aber ich rauchte nicht mehr.

Frau B. war Lehrerin im Knast, sie unterrichtete die Jugendlichen. Manche der Jugendlichen, meist Drogenabhängige, hatten noch nicht einmal den Hauptschulabschluß, wenn sie eingeliefert wurden. Für andere Mädchen, die beispielsweise das Gymnasium oder die Realschule verlassen hatten, gab es keine anderen schulischen Möglicheiten der Weiterbildung. Es fehlte an Mitarbeitern, ehrenamtlichen Helfern, Studenten, die den Unterricht in anderen Fächern übernehmen konnten.
Genauso schlecht und ungenügend war die berufliche Ausbildung dieser Jugendlichen unter 21. Es gab Kurse in Schreibmaschine, Buchführung und Steno, aber nur diejenigen, die schon im Freigängervollzug waren, konnten tagsüber außer Haus an einer Ausbildung teilnehmen. Viele dieser Kinder waren selten so lang verurteilt, um überhaupt eine dreijährige Ausbildung abzuschließen. Ihnen blieb nichts anderes übrig, als im Knast arbeiten zu gehen.
Zur Zeit packten sie gerade Seife in Kartons.
Es dürfte nicht einfach sein, in einem Gefängnis einen normalen Schulunterricht durchzuführen. Die Schüler arbeiteten und lernten unter außergewöhnlichen Bedingungen, überlegte ich.
Beim Pausenzeichen würden die Mädchen nicht auf einen Schulhof gehen können.
Sie würden nicht in kleinen Grüppchen herumstehen und beraten, was sie am Nachmittag unternehmen könnten.

Es gab kein Treffen mit Freunden, keine Disco, es gab keine Freiheit.
Frau B. sagte, daß sie gern hier unterrichte. Sie fühle, daß sie gebraucht werde. Man lerne diese Kinder kennen, ihre Sorgen, ihre Konflikte, und manchmal könne man ihnen auch tatsächlich helfen. So wie bei Elly, die hier ihren Hauptschulabschluß gemacht habe. Aber bevor sie die Prüfung bestanden habe, hätte es eine große Aufregung gegeben.

Elly hatte Angst vor der Prüfung; sie wurde an drei Tagen außerhalb der Anstalt abgelegt. Nun, das Küken ging zunächst tapfer ran. Doch vor der letzten Prüfung sei sie spurlos verschwunden. Und das war so eine Situation, wo sie entscheiden mußte, ob sie sich an die Vorschriften halten sollte oder nicht.

Frau B. hatte die Polizei benachrichtigt und war mit einem Helfer durch Frankfurt gerannt, um Elly zu finden. Sie hatten alle bekannten Plätze nach Elly abgesucht und sie schließlich auch am Frankfurter Bahnhof gefunden.
Elly war noch nicht rückfällig geworden, hatte nicht gespritzt, weigerte sich aber, freiwillig mit in den Knast zu kommen.
Die Freunde sagten, Elly verschwinde, doch sie blieb. Sie spürte plötzlich, daß Frau B. sie mochte und Angst um sie gehabt hatte; und sie ging mit zurück.
Am nächsten Tag bestand sie die letzte Prüfung.
Doch jetzt kam der eigentliche Rückschlag.

Elly war schon 13 Monate in Preungesheim. Es war sicher nicht leicht für sie gewesen, sich in dieser Umgebung aufzuraffen und zu lernen. Da waren die Mäd-

chen, die störten, sie auslachten. Ihre eigene Schwierigkeit, lieber bei Problemen davonzulaufen.
Aber Elly hatte durchgehalten und die Prüfung bestanden. Vom Büro der Vollzugsanstalt hatte sie voll Freude ihre Mutter angerufen. Endlich hatte sie einmal etwas geschafft, hatte nicht vorher aufgegeben, nicht versagt. Und da passierte es. Ich habe nichts anderes von dir erwartet, sagte die Mutter so nebenher und sprach dann, ohne Luft zu holen, nur von sich.

Frau B. legte das Buch mit einem Knall hin. Elly war alle Freude genommen. Für sie zählte nicht mehr, daß sie die Prüfung bestanden hatte, ihre Mutter hatte sie nicht anerkannt.
Und als ich das der Mutter erklärte, verstand sie gar nichts. Sie meinte, der Knast griffe mich wohl auch etwas an, wieviel Tage Urlaub wir so im Jahr bekämen und erzählte dann von ihrem Urlaub auf Teneriffa.
Ich sehe diese Kinder täglich, sagte Frau B. Ich kann mich nicht nach Dienstschluß dem allen hier entziehen. Ich habe Angst um sie, wenn sie entlassen werden. Und es ist ein böser Schock, wenn eine wiederkommt. Zurückkommt als ein kaputtes, hilfloses Kind, das es nicht geschafft hat.
Und so fängt man immer wieder neu an mit ihnen, um ihnen zu helfen. Ihnen auch dann zu sagen, wenn man selbst entmutigt ist und traurig, daß ein Versagen noch kein lebenslängliches Unglück ist.
Die Tür ging auf. Jos kam herein.
Das ist Jos, die uns sehr zu schaffen macht.
Jos kam langsam und träge näher.

Was machst du? Worüber redest du heute? Hast du eine Zigarette?
Die Zigarette war ihr eigentliches Ziel gewesen.
Sie schielte auf die Packung und ging auf den Tisch zu.
Ihre Bewegungen waren langsam und unkontrolliert.
So als würde sie bewegt. Sie hatte ein Lächeln auf dem breitflächigen Gesicht wie eine Puppe.
Ihre Haut war unrein.
Sie bewegte sich und sah jetzt mich an, als habe sie eine ganz bestimmte Vorstellung davon, wie sie sich verhalten müsse, um nicht aufzufallen und um doch zu erreichen, was sie erreichen wollte.
Gibst du mir eine Zigarette?
Klar!
Bin schon das dritte Mal hier. Das erste Mal haben sie mich mit 15 geschnappt.
Du machst uns das Leben schwer, sagte Frau B., und Jos empfand das offensichtlich als eine Auszeichnung.
Sie nahm sich eine Zigarette, zögerte einen Augenblick, ob sie sich noch eine nehmen könnte, ließ es und ging hinaus. Ich hatte überlegt, ob ich ihr das Päckchen hätte schenken sollen, aber ich hatte nicht gewußt, ob das erlaubt war.
Ich hing also schon an dem Wort erlaubt. Oder dem Wort verboten.
Jos kam schon wieder. Sie ging mit diesen zögernden Bewegungen durch das Zimmer. Blieb nirgends ruhig stehen, machte eine Bemerkung, ging wieder.
Sie müßte in psychiatrische Behandlung. Sie ist fertig, sagte Frau B.
Jos kam wieder. Sie schaute jetzt zum fünften Mal herein. Niemand war außer ihr erschienen. Unentschlos-

sen ging sie im Zimmer auf und ab. Schimpfte, daß keine der Frauen zum Vortrag kam. Bot an, Freundinnen zu holen. Sie wollte beachtet oder gelobt werden. Sie ging wieder zu mir und setzte sich für einen Moment neben mich, sprang wieder auf.
Noch fünf Monate, die reiß ich auf einer Arschbacke ab.
Ich erschrak.
Jos hatte das bewußt forsch gesagt. Fünf Monate? Ich konnte mir nicht vorstellen, auch nur einen einzigen Tag lang hier zu sein.
Was war mit Jos geschehen, was hatte sie getan, daß sie schon mit fünfzehn eingesperrt worden war?
Jos stellte sich jetzt vor mich und sah mich an.
Ich komme wieder in den Knast. Ich komme wieder zurück. Ich pack das nicht draußen. Dann ging sie zu Frau B., stellte sich vor sie hin, grinste nun etwas mühsam und meinte, ich habe mich so an Sie gewöhnt. Ist doch schön hier.
Sie war unruhig. Sie strich das Haar nach hinten. Sie hatte die Unruhe von Kathie, wenn sie keinen Stoff mehr hatte. Sie tat mir leid. Sie stand so verloren da. Hatte etwas von einem Tier, das um einen Menschen strich. Glich einem kleinen Hund, der geliebt werden wollte und förmlich darum bettelte. Sie wirkte hilflos und aufdringlich zugleich.
Wieder ging sie auf die Zigaretten zu. Ich schenkte ihr die Packung. Jos verschwand sofort damit. Sie öffnete noch einmal kurz die Tür. Bring das nächste Mal ne Illustrierte mit, bitte.
Wir saßen wieder allein in der Bibliothek. Draußen war es noch unruhiger und lauter geworden. Vielstim-

miger Radiolärm, Rufe hin und her. Sie mußten ja alle nervös werden. Von einem Aufruhr aber war nichts zu merken.
Wir haben Glück gehabt, sagte Frau B. und schaute auf die Uhr.
Meine Hosen waren getrocknet. Ich saß da, keiner wollte mich als Sprachrohr nach draußen benützen. Keiner interessierte sich für mich. Ich packte die Bücher und den Bildband wieder ein.
Ich hatte vorgehabt, den Frauen etwas zu vermitteln, was mit dem Knastalltag nichts zu tun hatte, es hatte nicht geklappt.
Die Frauen sind ohne jedes Interesse, sagte Frau B. Das ist bei den Männern anders. Nicht, daß sie mehr Interesse hätten, aber sie werden nach der Arbeit eingeschlossen, sie sind froh, wenn sie zu irgendeinem Anlaß aus den Zellen dürfen.
Bei uns, sagte sie, stehen die Frauen nur auf den Gängen rum und quatschen. Sie tun nichts anderes, als die Zeit totzuschlagen.
Tatsächlich?
Zum Beweis erzählte sie von dem Versuch, eine Rockgruppe einzuladen. Aber es war ein Reinfall. Es interessierte keine. Das gutgemeinte Unternehmen war gescheitert.
Wie aber, wenn die Frauen nur im Knast keine Rockgruppe wollten? Keine Musik, die Sehnsüchte weckte, Illusionen schaffte, wie die, frei zu sein. Gehen zu dürfen.
Wenn die Frauen Angst hatten, später, wenn die Musiker die Instrumente einpackten, die Lautsprecher abbauten und gingen — und sie zurückließen, in noch

größere Trauer zu verfallen? In noch tieferen Kummer? Wenn dies alles Erinnerungen weckte an die Zeit, als sie frei waren?
Frau B. blieb bei ihrer Meinung; sie sind stumpf, die meisten von ihnen.

Was hatten sie nur verbrochen, daß man sie einsperrte? Daß man sie auf diese Weise bestrafte? Was hatte diese große Zahl der Drogensüchtigen zum Beispiel in diesem Haus zu suchen, wo lag da der Ansatz einer Besserung, die Möglichkeit, daß sie nachher straffrei weiterleben konnten?
Ich hätte gern eine der Frauen kennengelernt.
So hatte ich nur Jos gesehen, die den Eindruck eines verwirrten Kindes machte, das viel eher medizinische und intensive therapeutische Hilfe brauchte als die Unterbringung im Knast. Und hatte sie nicht selbst so salopp gesagt wie nur irgendmöglich, so ironisch wie möglich, daß sie wiederkommen würde.
Ihre Angst war bestimmt nicht unbegründet. Ohne entscheidende Hilfe draußen würde dieses kaputte Mädchen es bestimmt nicht schaffen. Warum also wunderte man sich, daß die Rückfallquote so hoch war? Es fehlte an Geldern, an Dienstpersonal, es fehlte an Therapieplätzen, es fehlte an Arbeitsplätzen, es fehlte an Menschlichkeit.
Wenn ich an Kathies Sohn dachte, war da nicht bereits eine Möglichkeit einprogrammiert, daß dieses Kind scheitern konnte? Er hatte nicht gelebt wie Kinder seines Alters.
Als die anderen Kinder im Kinderwagen draußen spazierengefahren wurden oder vor dem Bauch der Müt-

ter in hübschen Tragetaschen hingen, hatte sich Kathie bereits eingeigelt. Die Augenblicke, in denen sie draußen war mit dem Kind, waren selten gewesen; erst jetzt fiel mir das auf.
Der Kleine sprach kaum, brauchte noch die Pampers.
Alle sagten, es ist ein liebes und stilles Kind.
Das war er auch.
Ich hatte einige Male beobachtet, wie das Kind ins Treppenhaus gelaufen war, es wollte ins Freie, aber Kathie hatte es kaum länger geschafft, als mit ihm bis zu den Mülltonnen am Bürgersteig zu gehen.
Warum war mir das früher nicht so bewußt gewesen?
Warum rannte das Kind immer hinter Kathie her, als müsse es sie beschützen? Ein kleiner Junge, der Angst um seine Mutter hatte. Was aber wurde ihm angetan?

Frau B. suchte den richtigen Schlüssel, und wir gingen. Sie schloß die Glastür auf. Wir waren außerhalb des Zellentrakts, und ich hatte das Gefühl, entkommen zu sein.
Ich würde nicht mehr in den Knast gehen. Keinen Vortrag hier halten. Draußen holte ich tief Luft. Es war, als müsse ich etwas von mir abschütteln. Außerdem hatte ich den dringenden Wunsch, mir die Hände zu waschen.
Noch war ich im Knast. Richtig draußen war ich erst, wenn ich durch den Vorbau und durch das Drehkreuz gegangen war.

Wir standen beide einen Augenblick schweigend auf dem Treppenabsatz.
Unten im Hof schleppte ein Mädchen zwei schwere

Koffer über die Pflastersteine hin zu dem hohen Eisengitter und zum Pförtnerhaus. In der Mitte des Hofes ließ sie die Koffer fallen. Blieb stehen. Faßte wieder zu und zog sie hinter sich her an den Griffen über das Pflaster.

Sie kam direkt aus der Kleiderkammer und hatte dort ihr Eigentum abgeholt.

Sie wurde entlassen.

In die Kleiderkammer müssen alle zuerst und geben ihre persönlichen Sachen ab. Dort holen alle nach verbüßter Strafe ihr persönliches Eigentum wieder.

Das Mädchen bewegte sich fahrig.

Ein Junkie.

Man sieht es ihnen an. Erkennen Sie es auch? Aber, daß sie so spät am Nachmittag noch entlassen wird?

Es tat mir weh zu sehen, wie das Mädchen hastig auf das Tor zulief. Wie, wenn sie nicht wußte, wohin jetzt? Wenn sie draußen war, endlich draußen, und alles fing wieder von vorne an?

Die meisten kommen wieder.

Manchmal hat man das Gefühl, daß alle Bemühungen sinnlos sind.

Frau B. drehte sich zu mir hin. Schade, daß es für Sie und uns nicht geklappt hat.

Ich komme noch einmal.

Ich stand da im Regen, gerade noch vom Vordach geschützt, froh, dem Inneren des Knasts entgangen zu sein, bereit, ähnlich davonzurennen, über diesen Hof, wie dieses Mädchen, und sagte doch, ich komme wieder.

Sie wollen es noch einmal versuchen? Es gibt keine Garantie, daß die Frauen das nächste Mal erscheinen.

Man kann es ihnen nicht befehlen.
Gott sei Dank.
Wir gaben uns die Hand.
Frau B. wollte noch einmal zurückgehen und nach einem der Mädchen sehen, das tagsüber einen verstörten Eindruck gemacht hatte. Sie hatte schon längst Feierabend. Aber so war das eben manchmal. Sie lächelte mir zu und ging.
Ich wartete ungeduldig, daß die Beamten mich bemerken und das kleine Gittertor automatisch öffnen würden. Ich nahm meine Sachen aus dem Safe. Bekam den Paß zurück. Als ein Beamter sah, daß ich alles eingepackt hatte, öffnete er die Tür.
Draußen stieg das Mädchen in ein Taxi. Sie sah aus, als sei sie auf der Flucht.
Ich hatte ihr etwas sagen, einfach mit ihr reden wollen, aber dazu war keine Gelegenheit mehr. Das Taxi fuhr sofort los.

Langsam ging ich zurück zur U-Bahn-Haltestelle. Am liebsten wäre ich in die nächste Kneipe gegangen, um erst einmal ein Bier zu trinken. Mir war flau. Und ich war traurig. Ich war zum ersten Mal in einem Gefängnis gewesen. Jetzt wußte ich, wie es drinnen aussah. Doch im Grunde wußte ich nichts.
Da hatte es den Mann am Gefängnisfenster in der Kindheit gegeben, der wie ein Indianer gebrüllt hatte. Jetzt war ich in einem Frauengefängnis.
Wo gab es Zusammenhänge?
Mir ging der Satz von den Cremes und der trockenen Haut nicht aus dem Kopf. Der trockenen Luft im Knast konnten sie nicht entgehen.

Allein die Vorstellung, daß ich nicht einfach meinen Haustürschlüssel vom Haken nehmen könnte, um ein Stück zu gehen.
Ich ging schnell durch den U-Bahn-Schacht. Es war jetzt noch mehr Betrieb als am Nachmittag, doch ich war imstande, mich frei zu bewegen.
Ich kaufte eine Illustrierte für Jos.
Es schoß mir durch den Kopf, daß die beiden Mädchen vom Nachmittag vielleicht in Gefahr seien, die nächsten Kandidatinnen für Preungesheim zu werden.
Mein Sohn hatte einen Zettel auf den Boden im Flur gelegt, er war bei einem Freund.
Ich ging erst einmal ums Viereck. Las die Plakate mit den Ankündigungen auf der Litfaßsäule. Ich nahm mir vor, mehr zu unternehmen. Immer noch hatte ich die Zeitschrift für Jos unter dem Arm. Ich stellte mir vor, wie sie die Zeitschrift durchblättern würde.
Was tat sie mit den Ratschlägen für eine bessere Haut? Was tat sie, wenn sie die neueste Mode sah? Und was erst, wenn sie die Kochrezepte las?
War sie traurig? Wütend, gleichgültig?
Oder blätterte sie einfach schnell weiter und suchte vielleicht ihr Horoskop?

Am nächsten Morgen ging ich in eine der großen Parfümerien. Ich fragte nach Pröbchen, die sie vielleicht los werden wollten. Ich erklärte, wofür ich das alles brauchte. Für Frauen im Gefängnis. Bei dem Wort Frauengefängnis sah sich die Verkäuferin um nach anderen Kundinnen. Es war ihr sichtlich peinlich, und sie wollte mich rasch wieder loswerden.
Aus dem Seiteneingang, der mit einem blauen Samt-

vorhang abgetrennt war, kam eine große, gut geschminkte Frau. Sie hatte das Gespräch gehört. Sie schloß einen Schrank auf und brachte einen Karton. Alles Proben: Lippenstifte, ohne Hüllen, die man zum Schminken in der Kabine verwenden konnte, Wimperntusche, Augenbrauenstifte, Nagellacke, Lidschatten und kleine Tuben mit den verschiedenen Sälbchen, meist leicht getönt. Das konnten sie gebrauchen. Sie legte noch drei große Tuben Sonnencreme dazu.
Ich lehnte spöttisch ab.
Später schickte ich das Paket an Frau B. Sie sollte das alles verteilen. Dann fingen erst einmal die Sommerferien an.

Es war 4.48 Uhr auf der Digitaluhr. Die Zahl blieb für den Augenblick unbeweglich stehen, und ich sah zu, bis sie umsprang. Der helle Leinenvorhang bauschte sich in der offenen Balkontür. Die Katze lag zusammengerollt auf ihrem Baumstamm, nahe der Tür. Der wehende Vorhang störte sie nicht.
Etwas hatte sie geweckt.
Ich hörte jetzt das Klopfen unten im Parterre. Unten wurde leise an den Fensterladen geklopft. Jetzt schon eindringlicher.
Die Katze stellte die Ohren, hob nicht den Kopf.
Das Klopfen wurde heftiger. Leise rief jemand nach Kathie. Klopfte und rief wieder. Es war eine Mädchenstimme.
Ich kannte dieses Klopfen und verkrampfte mich unwillkürlich. Der Körper wurde zu etwas Steilem, das man versuchte abzulegen, als gehöre er nicht zu einem.

Arm und Kopf lagen als losgetrennte Gegenstände. Das Kinn, jetzt in die Hand gestützt, ein harter, knöcherner Bogen. Die Härte des Kinnbogens überraschte.
Der Versuch, nichts hören zu wollen.
Der Versuch, wieder einzuschlafen. Gegen dieses Geräusch dort unten anzugehen. Ein Signal der Angst und Verzweiflung. Ein Signal der Hoffnungslosigkeit, des Ausgeliefertseins an die Sucht.
Kathie hatte in letzter Zeit Schlaftabletten mit Alkohol geschluckt und allen geschworen, nie mehr zu spritzen. Sie sei los davon; es sei ja auch zu teuer. Zum Beweis hatte sie mir die Arme gezeigt. Zwei dünne, hellhäutige mit Pusteln übersäte Arme.
Ich hatte sie gar nicht sehen wollen.
Ich hatte in letzter Zeit oft den gleichen Traum. Ich sah Kathie hinter einem der Gitter in Preungesheim stehen. Sie rief nach mir, beschwor mich, ihr zu helfen, aber ich konnte nichts tun. Ich wendete mich jedesmal ab und ging durch die Glastür hinaus.

Die Alabasteruhr schlug dreimal, danach begann die schwarze, französische Kaminuhr zu schlagen. Beim vierten und fünften Schlag schlugen sie gemeinsam an. Es gab einen disharmonischen Klang.
Unten blieb es jetzt still.
Ich fühlte mich unbehaglich.
Ich legte die Hände auf den Bauch. Die Unruhe von unten schien sich zu übertragen. Ich rieb mir die Gegend um den Magen, berührte die Brust und legte die Hände flach auf und versuchte, gleichmäßig zu atmen und mich dabei auszustrecken.
Jetzt wurde unten mit aller Gewalt ans Fenster geschla-

gen. Das Mädchen rief laut nach Kathie. Niemand antwortete.

Ich fror.

Ich rutschte zuerst mit den Füßen aus dem Bett. Rieb mir ein wenig das Kreuz. Der Rücken tat weh. Ich mußte falsch gelegen haben.

Der Kater sah zu mir hin und sprang dann, den Kopf gesenkt, sehr vorsichtig von seinem Baumstamm herunter und ging langsam, dem weißen Vorhang ausweichend, auf den Balkon.

Ich ging hinter ihm her hinaus.

Unten stand das Mädchen barfüßig vor dem Fenster. Sie war groß und sehr schlank. Sie wollte die Hand heben, ließ sie aber wieder fallen und stand nun hilflos, als gehörten die Arme nicht zu ihr.

Gleich unter dem Fenster stand ein alter Autositz. Der Kater setzte sich bei seinen Spaziergängen gerne, nach ausführlichem Beschnuppern, dorthin, während ich ihn, der doch an der Leine war, immer wieder davon fortzog. Er quittierte das mit einem klagenden Laut. Bis er nachgab und langsam folgte. Oder ich ihm, das geschah wechselweise. Wenn jemand auf dem Bürgersteig stehenblieb und mir bei dieser Aktion zusah, sagte ich jedesmal entschuldigend, hier kann man keine Katze frei laufen lassen. Sie haben keine Chance gegen die Autos. Und so muß er eben an der Leine spazierengehen.

Ich empfand diese Ausflüge eher als eine Quälerei.

Ich stellte mir vor, was für ein Leben er führen könnte, wenn er sich hätte frei bewegen dürfen. Ich hatte gleich zu Beginn die Entscheidung getroffen, ihn in der Wohnung zu halten. Wie hätte er sich bei seiner Rückkunft auch melden sollen? Ich wohnte im dritten Stock.

Das Mädchen zerrte den Sessel ein Stück an das Holzgitter des Balkons und stellte sich auf die schwarze Plastikbespannung. Der Sessel kippte nach hinten, aber sie hatte schon die Umrandung des Gitters gefaßt und zog sich hoch.
Ich blieb stummer Beobachter, mit einem Gefühl der ungemäßen Neugier, so, als sei ich Zuschauer eines fremden Unglücks.
Ich hatte gleich zu Beginn rufen wollen, es hat keinen Zweck. Gehen Sie! Kathie wird nicht aufmachen. Aber ich sagte nichts.
Alle diese Sätze, die mir durch den Kopf schossen, Streiflichter aus den Unterhaltungen mit Kathie, den Versuchen, ihr zu helfen. Und doch blieb ich stumm hinter dem Blumenkasten mit Salbei und Geranien stehen.

Das Mädchen schlug mit der Faust an den Fensterladen der Balkontür.
Ich sah, wie die Nachbarin gegenüber im zweiten Stock den Vorhang bewegte. Später würde sie mich bestimmt darauf ansprechen. Werden Sie denn die Gesellschaft da nie los?
Das Mädchen stand jetzt dicht vor der Verandatür. Sie wartete ab. Plötzlich trommelte sie wieder mit aller Gewalt an den heruntergelassenen Rolladen. Sie würde die ganze Umgebung aufwecken. Bald würde auch drüben die alte Frau, die immer winkte, wenn ich den Kater ausführte, aus dem Fenster sehen.

Kathie! Das Mädchen rief voller Angst.
Ich beugte mich über die Geranien und brach dabei einen Ast ab. Der Zweig mit den hellroten Blüten fiel ab und blieb unten auf dem schwarzen Plastiksessel liegen.
Es hat keinen Zweck, rief ich jetzt doch. Sie wecken nur alle auf.
Das Mädchen schaute nach oben.
Sie ist gemein, sagte sie. Kathie, sagte sie noch einmal wie ein Kind in einem letzten, bittenden Versuch. Dann kletterte sie vorsichtig über das zerbröckelnde Holzgitter. Ein Stück der oberen Umrandung brach ab.
Das Mädchen versuchte, den rechten Fuß auf den Sessel zu setzen. Sah die Geranienblüte und trat vorsichtig daneben. Sie sah noch einmal hoch und ging über das Gras, rückwärts, der Birke ausweichend, auf den Bürgersteig zu.
Kurz vor dem Bürgersteig wendete sie und ging rückwärts, immer mit dem Blick auf die geschlossenen Fensterläden, über die Straße. Stolperte auf den Bürgersteig und wäre fast an den dort hängenden Zigarettenautomaten gestoßen. Sie ging nun rasch weiter, ohne sich noch einmal umzudrehen, und war, von den parkenden Autos verdeckt, nicht mehr zu sehen.
Ich wendete mich um. Ich sah, wie die Nachbarin drüben den Vorhang fallen ließ. Sie winkte mir zu. Die Nachbarin hob noch einmal den Vorhang und zuckte die Achseln. Ich hob die linke Schulter, um die gleiche Geste zu vollziehen, ließ sie aber schnell wieder fallen. Ich war mir bewußt, daß ich hier auf dem Balkon stand, barfüßig wie das Mädchen, in einem kurzen Nachthemd.

Mir war kalt.
Ich ging hinein und holte mir ein Glas Milch.
Der Kater kam hinter mir her. Ich gab ihm etwas Trockenfutter. Ich hatte keine Lust, eine Dose zu öffnen.
Meine Füße waren kalt. Ich ging zurück ins Bett und rieb die Füße, so, wie ich es immer bei Jens, meinem Sohn, machte, wenn er nicht einschlafen konnte. Ich legte mich mit dem Gesicht vom Fenster abgewandt hin.
Es war windig und kühl draußen gewesen, sicher hatte ich mir einen Schnupfen geholt.

Dieses Klopfen hatte nun fast ein halbes Jahr aufgehört, seit Kathies Mann in Untersuchungshaft war.
Er ist erwischt worden, hatten die Mieter, die unter ihr wohnten, gesagt und mir einen Zeitungsausschnitt gezeigt: Handel mit Heroin. Es war die Rede von zwei sauberen Pärchen gewesen.
Kathie war noch einmal davongekommen.
Sicher so was mit Bewährung, hatte der alte Herr im Parterre gemeint.
Kathie hatte mit allen Mitteln gekämpft, um bei ihrem Sohn bleiben zu dürfen. Es war geglückt. Mit einem Grinsen hatte sie gemeint, daß sie dem Richter alles Mögliche vorgelogen habe. Sie war manchmal von einer entwaffnenden Aufrichtigkeit mir gegenüber, andererseits konnte sie überzeugend schauspielern.
Max hatte es allein getroffen.
Kathie fand das normal. Er ist schuld, er wollte ja viel Geld. Niemand im Haus hatte bemerkt, daß sie und Max süchtig waren. Auch ich nicht.

Die Veränderung mit Kathie war sehr langsam, fast still vor sich gegangen. So langsam, daß selbst die Beteiligten die Veränderung, die mit ihnen geschah, nicht genau wahrgenommen hatten.
Erst, als die Polizei ins Haus gekommen war, bemerkten die Mieter, was vorging. Aber noch dachten sie, nur Max sei süchtig.
Kathie schauspielerte überzeugend. Selbst mir war es oft nicht möglich zu unterscheiden, ob sie nun log oder nicht.
Als es ihr schlechter ging, sprach sie oft ein Gemisch aus Deutsch und etwas, das nach Französisch klang. Dabei erzählte sie allen, daß ihre Mutter Französin sei und sie nun mal so sprechen müsse. Sie steigerte sich später so in diese Sprechweise, daß sie ernsthaft, auch mir gegenüber, behauptete, nicht mehr damit aufhören zu können. Sie sah mich hilfesuchend an, sprach aber weiter in diesem seltsamen Kauderwelsch.
Sie ging damit allen auf die Nerven.
Ich sagte, du gehst mir auf die Nerven. Und Kathie bedauerte das, aber es täte ihr leid, sie sei nun mal Französin.
Ich hatte einen anstrengenden Tag vor mir. Ich haßte dieses morgendliche oder nächtliche Klopfen, es ängstigte mich, ich haßte in diesen Momenten das fremde Mädchen und Kathie.

Die erste Angst am Tage. Ich versuchte, mich dagegen zu wehren, lang auszustrecken, ruhig zu atmen.
Suchen, wo die Ursache sitzt.
Die Angst, wie ein Geschwür sich ausbreitend zum Herzen hin.

Ich rieb wieder diese Stelle um den Magen, als könne ich damit das ungute Gefühl in mir auflösen, Wärme erzeugen. Und mich entspannen.
Der Kater kratzte zwei-, dreimal auf dem Teppich. Streckte sich am Baumstamm lang aus, spannte alle Muskeln und setzte an zu einem Sprung oben auf den Stamm.
Von dort sah er noch einmal zu mir hin, bis ich mich wieder zur Seite drehte, dann rollte er sich zusammen, lag so, daß er mich sehen konnte, lag bewegungslos, den Kopf auf den eingerollten Pfoten, selbst die Ohren standen still.
Ich versuchte, wieder einzuschlafen.
Im Halbschlaf sah ich meinen Sohn in einer viel zu langen grünen Polizeiuniformjacke neben einem großen Mann stehen. Er deutete auf mich, als wolle er den Mann bitten, mir aus einer schwierigen Lage zu helfen. Ich hatte den Eindruck, daß ich mich in einer grotesken Situation befinden müsse, einer peinlichen Situation dazu, in die ich mich selbst gebracht hatte. Das Kind ließ hilflos die Arme sinken, und die Ärmel der grünen Polizeijacke fielen weit über die Hände. Die Jacke selbst reichte bis über die Knie. Offensichtlich hatte er Mühe, sich darin zu bewegen, denn nach einem Schritt in meine Richtung blieb er stehen und sah nur zu mir hin.
Ich sah mich gleichzeitig als Zuschauer, versuchte ebenfalls einen Schritt in Richtung des Kindes, konnte mich aber nicht bewegen.
Ich wurde wach.
Draußen, auf dem Balkon, auf dem nach außen gedrehten Stück Eisen der Pergola, mußte das Amsel-

männchen sitzen. Es schlug ohne Unterlaß. Nein, es war noch etwas weiter entfernt. Vermutlich saß der Vogel in der Birke.

Ich kannte das Geräusch. Es wurde mit der Zeit unerträglich.

In der Abwesenheit der Mieter unter mir hatten die Amseln auf dem Rolladenkasten ein Nest gebaut. Am Tag zuvor waren die Jungen geschlüpft. Die Amseln fütterten sie abwechselnd, und sie benutzten die Pergola als Anflugspunkt, um dann von oben halb hüpfend nach unten zu fliegen.

Eine Amsel blieb immer in nächster Nähe auf Wache. So hörte es sich jedenfalls an. Gestern hatte eine der Amseln eine halbe Stunde auf der Birke gesessen und gewartet, daß die Katze verschwinden möge. Warnend war sie immer näher zum Balkon gekommen, bis sie in der Nähe der Katze auf der Pergola saß. Sie hatte keinerlei Angst gezeigt und war sehr angriffslustig gewesen.

Sie hatte die Katze in immer schrilleren Tönen gewarnt, bis sie drohend auf sie zugeflogen war. Der Kater war ängstlich ins Zimmer zurückgeschlichen. Hinter den Baumstamm im Zimmer geduckt, hatte er gewartet und den Vogel beobachtet. Erst nach etwa zehn Minuten hatte sich die Amsel beruhigt und war zum Nest geflogen.

Der Kater hatte Respekt vor der Amsel und wich jedesmal ins Zimmer zurück, wenn sie näher kam. Ich hatte den Mut des kleinen Tieres bewundert. Es hatte ausgesehen, als wolle der Vogel sich auf die Katze stürzen. Was für ein Tagesanfang.

Der Kater machte wieder einen Schritt auf den Balkon zu. Ich rief ihn, und er kam sofort. Ich schloß die Balkontür. Das schrille Warnen drang auch durch die geschlossenen Fenster.
Wenn Kathie wieder rückfällig geworden war, was würde aus ihrem Sohn werden?
Es war Zeit aufzustehen. Ich wartete noch einen Augenblick, als sei diese Verzögerung eine Entschädigung für den fehlenden Schlaf.

Ich dachte an meinen Auftrag. Ich sollte ein Kreuz für eine Kirche in der Eifel machen. Vor einigen Tagen war die erste Besprechung mit dem Kirchenvorstand gewesen, und ich hatte die Entwürfe gezeigt.
Ihr Christus ist zu dünn ausgefallen, hatte einer der rundlichen Herren gesagt. Und, ich verstehe ja nichts von Kunst, aber unser Christus soll ansehnlich aussehen dort vorne am Kreuz. Er wolle einen Gekreuzigten, den er deutlich sehen könne, die Nägel an Händen und Füßen, den Kopf gesenkt auf die Brust, die Rippen, die niedergeschlagenen Augen.
Er müsse nicht ansehnlich sein, sagte der neben ihm Sitzende. Er wolle einen leidenden Christus. Einen mit eingefallenem Bauch, einen Verzweifelten.
Er sprach weiter, und ich sah diesen Mann plötzlich, ausgehungert und abgerissen aus der Gefangenschaft entlassen daheim ankommend. Unfähig, sich mitzuteilen, stumm fast.
Was er beschrieb, war er selbst.
Er wollte einen Christus, der fast zerbrochen war.
Er schwieg wieder und sah auf seine Hände.
Er hatte diese wenigen Sätze hastig, fast verhuscht, ge-

sagt, so, als könne er überhaupt nicht mehr mit einer vollen, runden Stimme sprechen.
So, als hätten ihn die wenigen Sätze ermüdet, als seien sie schon zu viel an persönlicher Äußerung gewesen.
Er sprach danach nichts mehr.
Es ging um die Darstellung des Christus.
Ich wollte Leid zeigen.
Leid, das man sich gegenseitig zufügte. Da war ein Mensch gewesen, der für sie alle gestorben war? Ich fand diesen Gedanken unbegreiflich. Ich konnte nur von einer kleinen Hilfeleistung zur nächsten denken. Ich sprach noch über Form, versuchte, dem Zigaretten- und Zigarrenrauch auszuweichen, indem ich mich mehr und mehr zurückbeugte, und dachte doch an Kathie und all die anderen.
Kathie, die man in der Kindheit verletzt, die sich immer verraten und allein gefühlt hatte, die ihren Vater liebte, der nichts von ihr wissen wollte und sie für unfähig und untauglich erklärte. So jedenfalls empfand Kathie das, ohne es genau formulieren zu können. Gesprochen wurde über all das so gut wie nie.
Ein Christus, der für alle stirbt, auch für die, die sich gehenlassen? Die sich nicht zusammennehmen, die schwach sind und sich nicht in den Griff bekommen? Für die, die sich selbst Leid zufügen und sich unglücklich machen? Wer untersuchte beispielsweise wirklich die Ursache für Kathies Labilität?
Ich sah die Gesichter, und die Herren redeten durcheinander. Es gab die Sätze: Alles untauglich und selbst schuld. Hitler hätte sie alle in ein Arbeitslager gesteckt. Man sollte die Mafia in Sizilien ausrotten.
Jemand sagte, die Arbeitslosigkeit ist schuld.

Der Pfarrer setzte sich durch mit dem Satz, vielleicht sollten Sie uns doch einen Christus bildhauern, den wir alle verstehen können.
Der Kirchenvorstand sprach ein Machtwort und schlug vor, in das Gasthaus „Zum Löwen“ zum Essen zu gehen und später weiter über das Thema zu diskutieren. Alle waren einverstanden. Sie freuten sich auf die Kalbshaxe und auf das Bier.
Nach dem Essen schlugen sie mir vor, ein wenig nur den Entwurf in ihrem Sinne zu ändern. Aber ich hätte auch die Möglichkeit abzulehnen, sie hätten Verständnis.
Einer der Herren klopfte mir begütigend auf die Schulter. Nun, sie wollten schon meinen Christus, aber eben den ihren auch.
Ich hatte an Bernd Hotter gedacht, er wäre sicherlich leichter mit dem Kirchenvorstand zurechtgekommen. Hotter, der in der Sezessionsausstellung als einzigen Beitrag die Plastik eines Kindes ausgestellt hatte. Mein Sohn hatte davor gestanden, ärgerlich auf diesen Marmorjungen auf dem Sockel, der für ihn nichts war als die unangenehme Nachahmung seiner Wirklichkeit. Er ging danach zu einer Plastik von T., deutete auf die langgezogenen Arme, den schmalen Körper, die Verstrebungen, fast nur Stäbe, zusammengeschweißt, konnte nicht erklären, was ihn faszinierte, fand aber diese Figur schön.

Nun mußte ich aufstehen und das Kind wecken.
Von unten kam erschreckend laut Musik. Es war Kathies Lieblingsplatte. It’s a beautiful day. Sie ließ White Bird abspielen. Es folgte Hot Summer Day.

Das Kind kam verschlafen ins Zimmer. Woher kommt die Musik?
Inzwischen lief Wasted Union Blues. Der Apparat mußte bis zum Ende aufgedreht worden sein. Max und Kathie hatten enorme Lautsprecher im Wohnzimmer aufgestellt.
Ich raste im Nachthemd die Treppenstufen hinunter und donnerte wild an die Tür. Nichts rührte sich. Ich dachte, ich schlage die Tür ein, in meiner plötzlichen Aggression gegen das alles.
Es rührte sich nichts drinnen.
Ums Haus herum konnte ich nicht im Nachthemd laufen, um an die Fensterläden zu schlagen. Ich rannte wieder hoch. Die Musik dröhnte Häuser weit. Ich glaubte, noch nie innerhalb einer Wohnung einen solchen Lärm gehört zu haben.
Die morgendliche Straße war voller Musik. In dieser Lautstärke glaubte ich die Musik keinen Moment mehr ertragen zu können. Das war ein anderes Gefühl, als in einem überfüllten Fußballstadion zu sitzen und den Foreigners zuzuhören. Obwohl ich auch da nicht allzulang die Lautstärke ertrug.
Ich zog schnell die Jeans an und ein Hemd drüber und rannte wieder ins Parterre. Kurz bevor ich an Kathies Tür kam, hörte die Musik auf.

Später sagte Nanne, die jeden Tag kam, um nach dem kleinen Jungen zu sehen. seine Sachen zu waschen und wieder in seine Kommode zu setzen, Kathie habe fest geschlafen. Das Kind habe in der Nähe des Radios in seinen nassen Windeln gesessen und offensichtlich am Radio gedreht. Kathie mußte noch die Platte aufgelegt

haben, ohne dann imstande gewesen zu sein aufzustehen, um die Musik leiser zu drehen.
Mir ging das Bild nicht aus dem Kopf. Das Kind nah am Radio und den Lautsprechern, diese Lautstärke, und Kathie, die schlief.
Ich empfand kein Mitleid mit diesem Mädchen.
Nanne gab zu allem, was Kathie tat, nie einen Kommentar. Ich kannte sie kaum, wußte nur, daß Nannes Bruder auch bis vor kurzem inhaftiert war. Sie war da und half.
Ich sagte Kathie, daß das Kind unter ihr leide. Sie reagierte kindlich. Fand, daß es nicht ihre Schuld war, daß sie abgerutscht sei und daß ich eben Glück gehabt habe. Sicher fühlte sie sich nicht.
Ich sah auf die Uhr. Es wurde Zeit, Tee zu kochen. Immer wieder dieser morgendliche Ritus. Tee oder Milch oder beides. Und das Schulbrot, das Müsli, der Kuß an der Tür.
Später die Kinder, die sich an der Haustür trafen.
Die Schultasche des Kindes, die regelmäßig schief hing. Etwas, das es vergessen hatte, das Turnzeug, die Malutensilien. Diese Verrichtungen und Ermahnungen. Das Kind bestimmte meinen Tag. Zwang einen Rhythmus auf, den ich oft zu unterbrechen wünschte. Kathies Kind hatte Angst. Hatte unbewußt Angst um sie. Verglich ich meine Situation mit der des Mädchens, fühlte ich mich wohl.

Gegen zehn Uhr rief U. an.
Als er hörte, daß ich wieder nach Preungesheim fahren wollte, sagte er, reine Zeitverschwendung. Falsch verstandene Nächstenliebe. Ich hatte keine Lust zu wider-

sprechen und ging zu einem anderen Thema über.

Das Wort gefangen beschäftigte ihn.

So fiel ihm ein, daß er endlich seine Maus gefangen habe. Dazwischen fragte er, warum hat man die Frauen eingesperrt? Er hustete. Ich sagte, du hast dich erkältet.

Er sagte, ich bin ein Fallensteller. Sie ist mir in die Falle gegangen. Er erklärte ausführlich die Konstruktion der neuen Mausefalle. Eine Falle, gebaut wie ein Trichter. Die Maus ging ganz leicht dort hinein, aber sie kam nicht mehr heraus.

So hatte man ihm das erklärt. Und so hatte er sich das auch vorstellen können. Die Verkäuferin hatte ihm geraten, den Speck innen am Trichter anzubringen, zur Öffnung hin noch.

Ich konnte mir das alles nicht vorstellen, wollte etwas von einem Vergleich sagen, aber U. wurde jetzt lauter und entwickelte eine gewisse Begeisterung für die Intelligenz der Maus.

Wie gesagt, er hatte den Speck zuerst zu weit zur Öffnung hin angebracht. Die Maus, seine Maus, hatte sich den Speck geholt und sich damit davongemacht.

Am nächsten Tag, dem heutigen Tag also, hatte er ihr wieder aufgelauert. Aber den Speck hatte er nun weiter innen befestigt. Die Maus war überlistet worden. Hatte den Speck gefressen und saß im Trichter.

Was soll ich mit ihr machen? Wo soll ich sie hintun? Er redete noch über die Möglichkeit, die Maus zu töten. Sprach über die neue humane Erfindung dieser Art von Mausefalle, wurde immer nervöser, sagte, ich habe die Mausefalle neben meinem Couchtisch stehen,

und ich hörte, wie er den Hörer auf den Tisch legte und sich entfernte.
Er mußte jetzt draußen auf der Terrasse sein.
Ich hörte ihn sagen: Fort mit dir, du Mausezahn, laß dich nicht wieder hier blicken.
Er nahm den Hörer wieder auf, er habe die Maus freigelassen, genau am Zaun vom Nachbarn, die Maus sei davongewuselt, käme wohl nicht mehr in seine Küche. Wolle er ihr auch nicht geraten haben. Und schließlich, eine solch kleine Maus zu töten, sei keine Tat.
Danach mußte er auf die Uhr gesehen haben, denn er verabschiedete sich eilig.

Ich sah nach, ob die Katze genug Futter hatte, und ging zum Atelier.
Der Trichter: Das Nicht-mehr-freigelassen-Werden.
Das Wieder-freigelassen-Werden.
Die Fallen, die man sich stellte.
Mit dem Gedanken, nachmittags nach Preungesheim fahren zu müssen, wuchs mein Unbehagen.
Was verdienst du, hatte U. noch inquisitorisch gefragt.
Nicht viel.
Mit wem ich auch über mein Vorhaben, noch einmal in die Strafanstalt zu fahren, sprach, er reagierte neugierig, wollte wissen, wie es hinter den Gefängnismauern aussah, wie die Frauen es denn ohne Männer aushielten, aber im Grunde interessierte sich keiner für die Situation dort. Alle hatten andere Probleme.
Am frühen Nachmittag würde ich wieder nach Preungesheim fahren.
Ich telefonierte noch einmal mit Frau B. Sie sagte, daß die Situation sich tatsächlich wieder normalisiert habe,

die Inhaftierten würden nicht mehr eingeschlossen. Sie diktierte noch fürsorglich, wie ich auf der Autobahn nach Preungesheim fahren und wo ich abbiegen mußte. Ich schrieb alles auf einen Zettel und verlegte ihn.
Du gehst also noch einmal in den Knast nach Preungesheim? Arbeite lieber an deinem Christus.

Ich erwischte die richtige Ausfahrt. Fuhr durch einige Dörfer und war in Preungesheim. Der Ort war mir unsympathisch. Alle Ampeln standen auf Rot, und ich verfuhr mich und fuhr in eine kleine Sackgasse am Gefängnis und mußte wenden.
Ich sah den kleinen Parkplatz.
Dieses Mal standen zwei Wagen da, rostig wie meiner.
Die Beamten beobachteten mich beim Aussteigen. Ich kramte nach meinem Paß und schob die Handtasche vorsorglich unter den Sitz. Nicht viel in den Knast mitnehmen, überlegte ich.
Hier würde wohl niemand den Wagen aufbrechen und die Handtasche klauen.
Wieder stand ich vor dem Drehkreuz. Es gab nach. Der Beamte hatte drinnen schon auf den Knopf gedrückt. Wieder wurde die Schublade mit einem Ruck nach außen geschoben, und ich gab den Paß ab. Die eiserne Tür ging mit einem Ruck auf. Ich war drinnen.
Der Beamte näherte sich mit dem Suchgerät. Es reagierte dieses Mal nicht. Ich hatte darauf geachtet, keine Knöpfe an der Kleidung zu haben.
Ich sah schon Frau B. oben auf dem Treppenabsatz stehen. Es war ein herrlicher Tag.
Viel zu schade für Preungesheim, hatte U. gemeint.

Ich ging über den Hof und war genauso nervös wie das erste Mal.
Plötzlich mußte ich auf die Toilette. Mir fiel ein, daß ich ja, wenn ich erst einmal im Inneren des Gefängnisses war, sicherlich nicht auf die Toilette gehen könnte.
Frau B. schloß die Tür ab.
Ich bekam einen trockenen Mund, dachte, daß es drinnen ja auch nichts zu trinken gab, und hatte Durst. Ich entdeckte einen Getränkeautomaten für die Bediensteten. Wollte mir eine Büchse Cola ziehen und dachte, mit einer Büchse Cola kannst du drinnen nicht auftauchen. Wer weiß, wie lange es her ist, daß sie eine Cola ziehen konnten?
Frau B. wartete, und ich ging auf die Toilette.
Ich sah mich um, ob man hier etwas verstecken konnte. Wieder das Gefühl, als sei ich Mitspieler in einem schlechten Krimi. Ob die Gefangenen, wenn sie im Besuchsraum waren, eigentlich diese Toiletten benutzen durften?
Wir gingen den schulähnlichen Gang hinunter auf die Glastür zu. Frau B. hielt den Schlüsselbund hoch und suchte den richtigen Schlüssel. Sie wollte gerade aufschließen, als eine der Bediensteten in einem blauen Kittel herauskam.
Feierabend. Sie hatte es eilig.
Frau B. schloß hinter ihr zu.
Obwohl ich schon einmal hinter dieser Tür gestanden hatte, erschrak ich. Ich empfand Übelkeit, diese Umgebung war ein Schock, und ich hatte nur den Wunsch, rasch wieder zu gehen.
Frau B. zeigte auf die Bibliothek, die Tür stand auf. Von drinnen kam uns eine Frau entgegen. Sie war et-

was über zwanzig. Hatte langes, glattes Haar, das in der Mitte gescheitelt war. Sie trug keinen dieser häßlichen blauen Kittel und sah hübsch aus.

Wir stellten uns vor. Barbara N. Wir freuen uns, daß Sie zu uns kommen. Wir haben alles vorbereitet.

Eine der Bediensteten?

Barbara sagte, ich habe eine Zeichnung von Ihnen in den Monatsheften von W. gefunden. Eine Rötelzeichnung, einen Kinderkopf. Ich habe sie an meine Zellenwand gepinnt.

Barbara war eine der Inhaftierten, das hatte ich nicht vermutet. Bei Jos konnte man sich das schon vorstellen, aber bei Barbara?

Sie trug einen eleganten Rock und eine Seidenbluse. Hatte einen Goldreif am Arm und am Finger. Sie war verheiratet. Sie wirkte ruhig und ausgeglichen.

Barbara bot mir an, Platz zu nehmen, aber dazu war ich noch zu unruhig.

Ich bin für die Bibliothek zuständig. Ihre Zeichnung hat mich an meinen Sohn erinnert. Ich habe sie sehr gern. Sie deutete auf den runden Tisch und die Stühle, zehn Frauen wollen kommen.

Zehn von dreihundert, sagte Frau B. spöttisch.

Sie kamen nach und nach. Ina, ein hoch aufgeschossenes Mädchen in blauen Latzhosen und einem winzigen, ärmellosen Hemdchen. Sie war sehr dürr, hatte rotblonde Locken bis über die Schulter, ein ungewöhnlich schönes Mädchen. Sie hatte stille und sehr sanfte Bewegungen, sie konnte nicht älter als 18 sein.

Frau B. sagte, daß sie ausnahmsweise heute hatte kommen dürfen. Sie gehöre noch auf die Jugendstation,

und die Jugendlichen hätten normalerweise keinen Kontakt mit erwachsenen Strafgefangenen.
Ina setzte sich hin und wartete.
Ich kam mir plötzlich neben Ina zu rundlich vor. Meine Jeans kneiften im Bund, und ich trug die weiße Bluse aus Tibet darüber, um ab und zu den obersten Knopf aufmachen zu können.
Ich hatte keinen Schmuck angezogen, denn ich wußte nicht, ob die Frauen ihren Schmuck hatten behalten dürfen.
Ina nahm ein Buch, das auf dem Tisch lag, und blätterte darin. Sie war sehr blaß. Ihr sah man an, daß sie nicht viel in die Sonne kam.
Danach kam Melanie. Auch Mitte zwanzig. Ihre blonden Haare waren hoch aufgetürmt. Danach kamen die anderen: Olga, rundlich, in zu engen Hosen und einer verwaschenen Bluse, Silvie, auch kaum über zwanzig, und Astrid. Sie setzten sich.
Die Tür ging auf, und Rita kam noch.
Gleich danach ein schwarzhaariges Mädchen, im Schlepptau zwei andere, die ängstlich hinter ihr her gingen.
Alle Frauen trugen ihre private Kleidung. Keine von ihnen hatte den blauen Kittel an.
Laufen die alle noch in Sträflingsklamotten herum, hatte U. gefragt.
Frau B. sah das schwarzhaarige Mädchen an. Hannelore, verschwinde, aber schnell, solche Privilegien hast du nicht.
Die beiden Mädchen neben Hannelore standen sofort auf. Sie wirkten ängstlich und verstört. Hannelore blieb sitzen.

Warum?
Und das fragst du noch? Es wurde nichts ausgesprochen, aber mir war klar, daß sie Drogen hereingeschmuggelt hatte.
Verschwinde.
Saftladen, sagte Hannelore.
Wir hatten dich nicht eingeladen, sagte Barbara.
Ist ja sowieso alles Scheiße, was ihr macht. Sie ging zur Tür. Die beiden Mädchen mit den rot verfärbten, strähnigen Haaren waren schon draußen.
Sie wird die Tür zuknallen, aber sie tat es nicht. Ich kam mir unbehaglich vor, aber den anderen schien die Szene nichts auszumachen. Sie saßen jetzt in einem Kreis, und sie saßen so gerade und brav da, daß es unnatürlich wirkte.
Sie sahen mich an.
Barbara war elegant angezogen.
Ich selbst unterschied mich in Jeans und Hemd nicht von den anderen. Ein zufälliger Beobachter hätte sicher nicht sagen können, wer von ihnen nun inhaftiert war und wer nicht.
Als ich später U. gegenüber eine solche Bemerkung machte, sagte er spöttisch, du, eine von denen, na, wie du dich einstufst.
Ich packte die Bücher und Manuskriptblätter auf den Tisch.
Ich stellte mir die Frauen in einem Café vor. Ein Beobachter hätte nie vermutet, daß sie aus dem Knast kamen. Ich würde mit U. diskutieren. Er ging an alles mit Vorurteilen heran. Du wirst es ihnen ansehen, hatte er gesagt. Man sieht es ihnen immer an.
Sie warteten geduldig, was nun käme.

Ich schob die Blätter von mir, zögerte noch.
Also, liebe Knastschwestern, sagte Astrid forsch, da sind wir nun.
Olga lachte, der Bann war gebrochen.
Ich empfand Zuneigung und Mitleid mit diesen Frauen. Wie sie da saßen und geduldig warteten. Es war etwas in ihrer Haltung, das ich von mir selbst kannte. Ein Erwarten und sofort wieder ein Zurückweichen in mich selbst. Ein Abwarten, das aber schon ein Zurückweichen in eine Trauer war, im Bewußtsein einer kommenden Enttäuschung. Sie erwarteten etwas, gaben aber schon auf, bevor ein Anfang gemacht war.
Vielleicht war es der Wunsch, ihnen zu sagen, daß es sich lohne, nicht aufzugeben. Daß man nur etwas haben müsse, das einen treibe zu leben. Gern zu leben.
Manchmal muß man sich fest anpacken, um sich nicht zu verlieren, hatte ich zu meinem Sohn gesagt.
Und wieder fragte ich mich, warum diese Frauen in die Falle gegangen waren. Warum hatten sie aufgegeben? An was waren sie gescheitert?
Ich kannte einige Frauen im Bekanntenkreis, die tranken heimlich. Aber ihr Scheitern wurde immer wieder verdeckt und gedeckt. Auch sie waren fertig und wirkten kaputter als diese Frauen mir gegenüber.
Alles Charaktersache, hatte U. gesagt. Sie haben eben keinen Charakter. Sie lassen sich treiben. Geben sich nach. Versagen bei Schwierigkeiten.
Siehst du ja bei Kathie.
Und nach Gründen in der Vergangenheit zu suchen, ist sinnlos. Wer sich nicht in den Griff bekommt, landet auf dem Kehricht. Kathie wird dort landen oder sich umbringen.

Er hatte dann noch einige begütigende Sätze hinterher gesagt, aber nur, weil er meine Betroffenheit gespürt hatte und dies ärgerlich für ihn war. Er hatte sich einen angenehmeren Vormittag miteinander versprochen.
Ich mußte beginnen.

Ich sprach über Vincent van Gogh. Sie sahen mich an.
Ich las einige Briefe, zeigte auf, daß er, etwa in ihrem Alter, zunächst gesellschaftlich gescheitert war. Daß er aber nicht aufgegeben und den Sinn seines Lebens entdeckt habe. Bewußt hatte ich ein Gespräch Mijnheer da Costas mit dem jungen Vincent herausgesucht, Vincent, der noch ein Suchender war, oft genug unsicher und verzweifelt.
Ich las leise: „Manchmal wird es Ihnen vorkommen, als hätten Sie versagt, aber schließlich werden Sie doch den Ausdruck, die Gestaltungsmöglichkeit finden, die Ihr Wesen verlangt, und dieser Ausdruck wird Ihr Leben rechtfertigen."
Olga sagte, wenn ich schon so weit wäre.
Ina saß jetzt gespannt da. Alle waren so aufmerksam, daß diese Spannung sich auf mich übertrug.
Ich erzählte von dem mißglückten Versuch Vincent van Goghs, bevor er seine wahre Begabung erkannte, als Laienprediger im Kohlenrevier in Borinage zu leben. Dort, wo die Menschen unter heute unvorstellbaren Bedingungen arbeiten und leben mußten.
Er lebte so arm wie sie mitten unter ihnen, mit nur einem Gedanken, ihnen beizustehen.
Ich erzählte auch von den Kindern in Borinage, die, noch nicht einmal zehn Jahre alt, ins Bergwerk einfuhren, um unter Tag zu arbeiten.

Ich hatte schon öfter einen Vortrag über van Gogh gehalten, aber noch niemals hatte ich solche Zuhörer gehabt. Es war, als ginge das Schicksal van Goghs die Frauen besonders an, als erwarteten sie etwas von mir zu hören, was ihnen weiterhelfen könnte.
Fünfmal hatte er Schiffbruch erlitten, sagte Ina, und Barbara sagte, das schlimmste, sein Leben hatte keinen Mittelpunkt mehr, als er als Gescheiterter Borinage verlassen mußte.
Ich las Briefe, die den zögernden Anfang van Goghs schilderten, seine Verbissenheit, sich künstlerisch zu vervollkommnen. Er, der als Laie zu malen anfing.
Sie baten mich, den einen oder anderen Brief zu wiederholen.
Olga wollte den Brief von Johanna van Gogh-Bonger aus dem Jahr 1913 noch einmal hören, und ich bat sie, ihn doch vorzulesen.
Olga las mit fremdländischem Akzent und zögernd.
„... er sucht, die Lehre Christi buchstäblich in die Praxis umzusetzen, verschenkt alles, sein Geld, seine Kleider, sein Bett. Verläßt die gute Unterkunft und Verpflegung ... und zieht allein in eine armselige kleine Hütte, wo es am Nötigsten fehlt ..."
Sie waren beeindruckt.
Olga hatte den Brief von Bäcker Denis 1924 an Louis Piérard entdeckt. Bei Bäcker Denis wohnte Vincent zuletzt, als er in Borinage war, sagte sie und las weiter ... „Sobald er sich in die Arbeiterklasse eingereiht hatte, verfiel unser Freund in die größte Erniedrigung und zögerte nicht, alle seine Kleider zu verschenken. Als es so weit war, daß er kein Hemd mehr hatte und keine Socken am Fuß, haben wir gesehen, daß er

sich Hemden aus Packleinwand machte . . . Meine gute Mutter sagte ihm: Herr Vincent, warum geben Sie denn Ihre Kleider weg. Sie sind doch aus einer feinen, holländischen Pastorenfamilie. Er antwortete: Ich bin der Freund der Armen, wie es Herr Jesus war. Sie antwortete: Sie sind nicht mehr normal . . .“
Sie diskutierten darüber. Jeder hatte etwas zu sagen. Ina stellte die erste Frage: Wie fing er an zu zeichnen? Gibt es darüber auch Briefstellen?
Dies ist der längste Satz, sagte Frau B., den ich dich habe sagen hören, seit du hier bist.
Ina saß schon wieder sehr aufrecht, rührte sich nicht mehr. So, als könne sie sich nun nicht mehr bewegen. Ich las weiter, als hätte ich den Einwand von Frau B. nicht gehört. „. . . Er hockte sich auf die Halden hin und zeichnete Frauen, die dort Kohle sammelten oder Säcke davontrugen. Man beobachtete, daß er keine ansprechenden Dinge wiedergab, Dinge, die wir schön finden. Er hatte einige Bildnisse von alten Frauen gemacht; im übrigen schenkte man diesem Tun keinerlei Aufmerksamkeit, man betrachtete es als Zeitvertreib. Es scheint jedoch, als habe unser junger Mann auch in der Malerei eine Vorliebe für das, was eigentlich elend und unglücklich war . . .“
Ina sagte, ich wollte unbedingt auf eine Kunstschule, ich zeichne so gern, aber sie haben es nicht erlaubt. Brotlose Kunst und so, ich mußte Sprachen lernen.
Mit sechzehn hat sie die Schule verlassen, sagte Olga.
Von da an ging's bergab, sagte Astrid forsch.
Es war sehr still in der Bibliothek, als ich vom Zusammenbruch im Dezember 1888 und seiner Selbstverstümmelung sprach. Sie waren betroffen.

Barbara sagte, komm wieder Ruth, wir müssen mehr hören.
U. hatte gesagt, ich nehme an, du wirst einige kritische Bemerkungen über van Gogh und seine Zeit machen und sie langweilen.

Die Frage war gestellt. Kommst du wieder? Frau B. sagte, es wäre mit der Gefängnisleitung zu klären. Ich nickte. Ich überlegte, daß ich mich auf etwas einließe, dem ich vielleicht nicht gewachsen wäre.
Ina blätterte im Bildband. Alle beugten sich über die Bilder.
Ich war durstig. Mir fiel auf, daß es im Gegensatz zu draußen im Knast nichts zu knabbern und nichts zu trinken gab. Ich wollte auch nicht um ein Glas Wasser bitten, weil ich nicht wußte, ob Frau B. mich und die anderen allein lassen durfte. Die einfachsten Dinge wurden im Knast zu einem Problem. Zum Beispiel ein Glas Wasser zu holen. Wenn ich allein an die Prozedur des Auf- und Zuschließens dachte.
Jos kam herein. Fahrig, tänzelnd, ein Grinsen auf dem Gesicht. Sie sah blaß aus. Auf Trakt zwei prügeln sich zwei, vielleicht auch schon nicht mehr. Wie findest du das? Danke für die Illustrierte.
Setz dich, Jos.
Jos blieb stehen, Barbara deutete auf einen Stuhl.
Jos winkte ab. Als keiner sie weiter beachtete, versuchte sie es noch einmal. Sie prügeln sich sicher noch.
Halt die Klappe, sagte Astrid.
Jos merkte, daß keiner sie beachtete. und ging wieder zur Tür, na, sie prügeln sich sowieso jeden Tag. Sie kam wieder zurück. Schaute neugierig in das Buch.

Hast du Zeit für mich, sie sah Frau B. an. Ja, wir sprechen nachher miteinander. Die anderen Frauen schwiegen und warteten, daß Jos verschwinden würde. Sie fühlten sich gestört.
Jos fühlte sich ausgeschlossen, und Barbara schob ihr den Bildband hin. Jos sah hinein. Für Momente war sie ruhig. Dann deutete sie auf die Seite. Sie las laut: „. . . Es ist ein Wettlauf und ein Kampf um mein Leben . . .“
Wie bei mir. Was ging in ihrem Kopf vor?
Sie war aufgeregt. Kannst du mir das abschreiben? Sie nahm das Buch hoch, wollte es mitnehmen.
Barbara nahm es ihr wieder ab. Ich schreibe es für dich ab.
Jos stand still. Ihr Gesicht wirkte leblos.
So fühle ich mich auch.
Setz dich.
Jos setzte sich. Schaute aber unruhig schon wieder auf die Tür. Geh, sagte Astrid. Jos rannte fast zur Tür und ging.
Barbara deutete auf ein Bild mit den „Sonnenblumen“, Ina auf die „Boote am Strand“, sind im Rijksmuseum in Amsterdam.
In Amsterdam war ich schon. Ja, sagte Astrid, Stoff besorgen. Da hattest du keine Zeit für Bilder in Museen.
Olga und Astrid unterhielten sich. Barbara sagte leise, Olga hat eine Ahnung von Selbstverstümmelung. Olga sagte nichts.
Frau B. schaute auf die Uhr. Melanie hatte die ganze Zeit geschwiegen. Sie sah müde oder einfach nur bedrückt aus. Ich fror jetzt und wunderte mich, daß es Ina nicht zu kalt war in dem dünnen Hemd.

Rita hatte ebenfalls interessiert zugehört, beteiligte sich aber nicht an der Unterhaltung. Offensichtlich störte sie die Gegenwart von Frau B.
In diesem Moment hörten sie den Ausruf. Frau B. wurde gerufen. Ich will mal sehen, was es gibt.
Melanie schien erleichtert. Es war, als habe sie nur gewartet, daß sie unter sich seien. Ich habe mir Notizen gemacht. Sie schaute in die Runde. Nicht von Preungesheim, ich bin ja erst acht Tage hier.
Sie zog aus ihrem gelben Pulli einige Seiten aus einem Rechenheft. Ich habe noch mehr.
Sie wollte sprechen, aber Barbara wehrte ab. Olga sagte, laß sie doch.
Da saß Melanie, eine erwachsene Frau, mit Zetteln aus einem Rechenheft vor sich, ihr derzeit wichtigster Besitz.

Melanie schreibt immer auf Zettel, wenn sie den Knastalltag nicht erträgt. Ein Rechenheft, das eine Mitgefangene vergessen hat, gehört nun ihr.
Melanie hat Angst: vor Mitgefangenen, Dienstpersonal, vor dem Eingeschlossenwerden. Vor allem hat sie Angst, man könne ihr das Rechenheft stehlen, sie nimmt es überall mit hin. Auch zum Duschen. Sie steckt es in eine Plastiktüte.
Preungesheim ist verglichen mit der Strafvollzugsanstalt in B. für sie ein Kinderheim. In B. ist sie von den Mitgefangenen über Monate hin terrorisiert worden. Sie dachten, sie sei ein Spitzel.
Melanie hat Haschisch verkauft und ist dabei erwischt worden. Aber im Knast hielt man sie für einen Spitzel

der Kripo, deshalb der Haß der Frauen. Sie glaubten ihr nicht.
Nachts ist sie aus ihrer Zweizimmerwohnung geholt worden. Sie konnte gerade noch den Kater der Nachbarin anvertrauen, dann wurde sie nach B. gefahren und inhaftiert.
Sieben Monate Angst, Pein und Quälerei.
Melanie spricht stockend. Schweigt oft. Schiebt die Notizen hin und her, reinschauen muß sie nicht.
Eine der Frauen, alle auf der Station waren Drogenabhängige, hat mit einer Nagelschere ihren Pullover zerschnitten.
Eine andere kochte ihren eleganten Wollmantel, bis er aussah wie ein Kindermantel.
Nachts konnten sie ihr nichts tun. Nachts war sie sicher.
Aber eine der Frauen spannte ein Seil und hängte eine Blechbüchse dran. Die Blechbüchse schlug sie nächtelang an die Zellenwand. Sie knallten auch, wenn sie wütend waren, nächtelang mit Gegenständen an die Zellentüren, warfen Geschirr, oder was sie hatten, zu den Fenstern raus. Niemand kam, um für Ruhe zu sorgen. Dann fingen sie an und zerschlugen die Fensterscheiben.
Die Frauen waren ohne Beschäftigung, aggressiv und außer sich. Sie waren nichts als eine Herde, die man eingeschlossen hatte. Sie wehrten sich mit den primitivsten Mitteln. Erst zerschlugen sie nur ihre eigenen Fensterscheiben, später die der anderen. Jede Scheibe wurde mit einem Stück Blech ersetzt. Bald sah es im Knast aus, als habe man sie alle in eine Blechbüchse eingeschlossen.

Es wurde dunkel im Knast.
Später brannte das Neonlicht. Tag und Nacht. Es war immer hell. Es war immer Lärm, es gab immer das Gefühl der Bedrohung.
Melanie wollte sich umbringen.
Nach sieben Monaten und einem Selbstmordversuch wurde sie nach Preungesheim gebracht. Dort hatte sie von Anfang an hingewollt.
Auf dem Transport mußte sie in einem Männergefängnis übernachten. Sie lag in einer Zelle, und es war zum ersten Mal still ringsum. Keine Schreie. Kein Schlagen an die Türen. Sie konnte wieder schlafen.
Auch in Preungesheim kann sie schlafen. Aber die Angst ist immer noch da. Man packt sie nachts und schneidet ihr mit der Nagelschere die Haare ab. Man bedroht sie mit dem Messer.
Melanie träumt jede Nacht.

Melanie nahm mit einer raschen Bewegung die Zettel und stopfte sie wieder unter ihren Pulli. Sie strich sich über die Stirn. Ein Nagel war eingerissen. Sie versuchte, ihn sich vorsichtig abzureißen. Niemand sagte etwas.
Mir fiel jetzt auf, daß Ina barfuß war in den Sandalen. Ihre Füße waren schmutzig, auch die großen und ungepflegten Nägel.
Manchmal habe ich immer noch Angst, ich könnte mich umbringen, sagte Melanie. Barbara legte ihr den Arm um die Schulter, jetzt nicht mehr, wir sind da.
Es war, als klammere sich Melanie nun an die Freundlichkeit dieser Frauen, als sei ihre Freundlichkeit die einzige Hilfe gegen die Angst und Depression.

Ich überlegte, wie es wäre, wenn das Kind nicht mehr um mich wäre. Nicht mehr den Arm um mich legte, sich an mich kuschelte. Wie war das, wenn man getrennt wurde von einem Menschen, den man gern hatte, der einen in den Arm nahm? Wie konnte man leben, wenn es für Monate oder gar Jahre keine Zärtlichkeit mehr gab, keine Berührung?

Ina saß noch steifer da. Sie sah über einen der Zettel weg, der noch liegengeblieben war. Olga hob ihn auf und gab ihn Melanie.

Frau B. kam zurück. Nickte mir zu.

Ich war wie ausgetrocknet. Könnte man nicht ein Fenster öffnen? Barbara ging. Und ich sah das Gitter nun wieder deutlich.

Melanie wirkte entspannter.

Olga holte Tabak und Zigarettenpapier. Sie schob dann beides Ina hin.

Ina nahm Tabak und Papier geschickt zwischen die Finger und drehte sich schnell mit großer Kunstfertigkeit eine Zigarette.

Olga konnte das nicht so rasch. Ich sah erst jetzt, daß Olga einen verkrüppelten Daumen hatte.

Astrid hatte ein Maschinchen und drehte Silvie eine Zigarette mit.

Barbara rauchte nicht. Rita auch nicht.

Olga hatte ihre Zigarette fertig. Ina gab ihr Feuer. Frau B. reichte eine Zigarette aus ihrem Päckchen.

Ich war müde. Der Knast bedrückte mich.

Wie hielten die Frauen das aus mit nur einer Stunde Freigang am Tag? Einer Stunde draußen zwischen Gefängnismauern?

Wenn es regnete, konnten sie nur auf den Gängen vor den Zellen auf und ab rennen. Und das taten sie auch. Daheim würde ich als erstes in die Küche gehen und den Wasserhahn aufdrehen, ein Glas darunter stellen und dann trinken. Welch eine einfache Handlung war das und wie kostbar.
Ich empfand so etwas wie Dankbarkeit, daß ich nicht gezwungen war, hier zu sein.

Sie sind selbst schuld daran, würde U. sagen.
Das würden sie alle wissen. Aber diese Form des Strafens, der geschlossene Vollzugszwang, konnte nur noch mehr schaden. Alles quälte sie. Das Gefängnis entließ mit großer Wahrscheinlichkeit die meisten von ihnen mit noch größeren Schäden.
War es möglich, eine Beziehung zu ihnen allen herzustellen? War ich dazu in der Lage, die von draußen kam und die ihnen vorführte, daß sie immer wieder nach draußen gehen konnte? Ich mußte ihnen zeigen, daß ich ernsthaft an ihrem Leben interessiert war und glaubte, daß ich einfach als Frau ähnlich empfinden würde, obwohl wir ungleiche Partner waren.
Ich freute mich auf Gespräche. Ich freute mich darauf, ihnen von mir zu erzählen, meinen Schwierigkeiten, ich wollte hören, was sie dazu zu sagen hatten, sie, die doch gerade dabei waren, viel größere innere Konflikte zu verarbeiten.
Aber ich war frei. Konnte ich mich trotz dieser Tatsache mit ihnen befreunden? Ich wollte es versuchen.
Die Diskussion ringsum wurde lebhaft. Offensichtlich nahmen sie nun die Gelegenheit wahr, Frau B. einiges zu sagen.

Der Knast ist ein einziger Frust, das wissen Sie, sagte Astrid. Es gibt nicht einen einzigen privaten Raum. Wir sind einander ausgeliefert. Es gibt keinen privaten Moment, wenn wir Besuch bekommen, nichts Privates, wenn wir einen Brief schreiben. Mich friert, wenn ich schreibe, hast du mich noch lieb, und ich denke, daß vom Aufsichtspersonal Frau M. das liest. Wenn sie an mir vorbeigeht und zu mir hinsieht, denke ich, sie hat wieder einen meiner Briefe gelesen und sich amüsiert.
Das ist Unsinn, Frau B. winkte ab.
Wenn ich einen Brief an meinen Mann schreibe, ist mir, als schaue jemand über meine Schulter. Ich kann nicht weiterschreiben.
Als schaue jemand über die Schulter? Ich erinnerte mich.

Sie haben mir mit 13 noch die Zöpfe so fest geflochten, daß es weh tat. Weit hoch über die Ohren. Sie haben sie so fest gebunden, damit sie fest über den abstehenden Ohren hielten, die abstehenden Ohren haben sie festgebunden.
Der Mathematiklehrer zog immer an den Zöpfen. Ich wußte, daß ich häßlich aussah mit diesen Zöpfen, ich wußte aber auch, daß ich abstehende Ohren hatte.
Ich saß in der Schule, er zog wieder einmal am rechten Zopf, weil ich geschwätzt hatte. Dann verteilte er die Rechenarbeitshefte. Ich saß vor der ersten Aufgabe. Er schaute mir über die Schulter. Ich konnte die Aufgabe nicht rechnen, aber mir war bewußt, daß er neben mir stand und auf das Heft starrte.
Dieses Über-die-Schulter-Sehen.

Ich fing an zu rechnen. Sah zu ihm hoch. Wartete auf ein Nicken, das mir sagte, ich sei auf dem richtigen Weg, er schaute nur und gab kein Zeichen. Das irritierte mich so, daß ich nicht mehr weiterrechnen konnte. Die Banknachbarin schaute rüber und legte die Hand über die Seiten, damit ich nichts sehen konnte.
Endlich ging der Lehrer zurück an die Tafel.
Da malte ich eine Sonnenblume über die Seite, schloß das Heft und rechnete nicht mehr.

Diese Briefkontrollen sind Schikane, hörte ich Astrid sagen.
Frau B. erklärte geduldig, warum Briefkontrollen, Durchleuchten der Post notwendig seien. Interesse an persönlichen Details habe niemand, Neugierde auch nicht. Man stelle sich vor, dreihundert Frauen, die Briefe schreiben an Kinder, Männer, Freunde, Eltern, es stünde nichts drin, was jemanden, der die Briefe kontrollieren müsse, privat oder menschlich interessiere. Es sei eine durchzuführende Aufgabe wie andere auch. Ein Muß. Eine Vorsichtsmaßnahme.
Und doch, sagte Barbara, ist der einzige Moment, wo ich mich öffnen will, ihm schreiben will, wie mir zumute ist, durch das Bewußtsein, daß man lesen könnte, was ich fühle, zunichte gemacht.

Zunichte gemacht?
Ich muß zehn gewesen sein. Ich war in den Ferien bei Verwandten. Und ich schrieb die ersten Briefe an Walter. Ich schrieb sie erst auf Zettelchen und dann auf Briefpapier mit Blumen.

Einmal hatte ich die Zettel liegengelassen, und die Tante hatte sie gefunden und gelesen.
Beim Mittagessen holte sie sie plötzlich aus der Schürzentasche, las laut vor und sah mich strafend an.
Meine Liebe, Anreden werden im Brief groß geschrieben. Deine Ruth, wie kann man Dein nur mit einem kleinen d schreiben.
Ich war weinend rausgerannt, hatte noch gehört, wie der Onkel sagte, ist das eine Mimose, sollte härter angefaßt werden, und war dann weggelaufen, um mich irgendwo zu verkriechen.

Rita hatte sich jetzt etwas in Positur gesetzt. Bisher hatte sie nur zugehört und beobachtet. Rita sah groß und gutmütig aus. Sie hatte als einzige einen Kittel an. Wirkte vergnügt oder gab sich so.
Welchen Beruf hatte sie draußen gehabt, warum war sie in Preungesheim?
Meine Briefe werden sehr genau gelesen. Hier und draußen im Gericht.
Sie sind noch Untersuchungsgefangene, sagte Frau B. Was erwarten Sie? Sie merkte, daß ich Fragen hatte.
Die anderen Frauen sind Strafgefangene, es sind Frauen, die bereits verurteilt sind. Rita K. ist noch in Untersuchungshaft. Sie ist erst der Tat verdächtigt, nicht überführt oder gar verurteilt. Die Briefkontrolle von Rita geht über den Untersuchungsrichter. Andere Post, wie die von Barbara, wird halt von der Fürsorgerin gelesen.
Die Post wird hier in verschiedene Kästen eingeworfen. So kann die ankommende und abgehende Post einfacher kontrolliert werden. Aber in der Praxis ist es

so, daß ein Antrag auf geschlossene Poststelle gestellt werden kann, wenn es bei den Briefen keine Beanstandungen gegeben hat.
Barbara, Sie müssen genau die Person angeben und die Adresse des Partners, dessen Sendung Sie ohne Kontrolle erhalten möchten. Vielleicht wird Ihr Antrag bewilligt, vielleicht nicht. Es liegt im Ermessen der Fürsorgerin.
Aber durchleuchtet wird immer noch, sagte Astrid.
Nun, da wir hier eine solche Überbelegung mit Drogensüchtigen haben, müssen die Briefe durchleuchtet werden. Ihr kennt ja die Tricks und wißt, warum das notwendig ist.
Der Untersuchungsrichter, sagte Rita, hat ein Räubermärchen vermutet. Aber so erfinderisch bin ich gar nicht und muß es auch nicht sein. Hat doch der Gute gedacht, daß ich mit einem Rezept von einem Wiener Strudel geheime Nachrichten habe hinausschmuggeln wollen.
Wiener Strudel, Erdbeeren mit Sahne, ach wäre das schön, sagte Silvie.
Nun, es war nur ein Rezept für Strudel. Aber meine Mutter wird nun lange warten müssen, bis sie nach diesem Rezept wird backen können.
Na, wieviel erwartest du denn, sagte Silvie. Acht Monate oder acht Jahre oder Freispruch, sagte Astrid.
Freispruch.
Und warum machst du eine Ausbildung als Köchin hier? Das dauert doch drei Jahre.
Ach, sagte Rita, ich koche so gern. Und man weiß doch nie, wie das alles werden wird. Ich sitze ja schon ein dreiviertel Jahr und warte auf mein Urteil.

Rita war wegen eines Finanzbetruges angeklagt, erfuhr ich später.
Rita sah mich plötzlich an, als habe sie meine Gedanken erraten. Ich war nicht immer so fett. Ich habe hier im Knast dreißig Pfund zugenommen. Ich stürze mich auf das Essen. Ich muß einfach essen.
Entweder wird man hier fett, oder man magert ab, sagte Astrid. Ina sagte, ich kann nichts essen, wenn ich alles in einer fetten Brühe schwimmen sehe, es rieche, ich bekomme nichts runter, ich habe einen Antrag gestellt, daß ich vegetarisch essen darf. Quark, Obst vielleicht, das mag ich.
Rita wischte imaginäre Krümel vom Tisch. Jetzt sah sie nicht mehr so fröhlich und optimistisch aus. Sie hatte rote Flecken auf den Wangen.
Dieses Fröhlichsein war ein Versuch, sich über die Angst hinwegzutäuschen.

Manchmal macht sich Rita die wildesten Hoffnungen auf einen Freispruch. Sie hat alles auf sich genommen. Einen der Partner nicht verraten. Wird sie auch nicht. Seit Monaten beschäftigen sich Experten mit ihrem Fall.
Wann wird der Prozeß sein?
Das Warten zermürbt. Sie ist nur mit Untersuchungsgefangenen zusammen. Heute, das ist eine Ausnahme. Alle Frauen sprechen von Rechtsanwälten, Richtern, Paragraphen. Eigentlich hat es ihr Spaß gemacht, ein solch großangelegtes Unternehmen zu planen und durchzuführen. Geld, sie interessiert, wie man aus Geld wiederum Geld macht.

Was ist, wenn man sie verurteilt zu einer langen Strafe? Langstrafen nennt man einige Frauen hier. Einfach nur, das ist eine Langstrafe.
Ob sie sich ändert?
Was ist Geld? Was Geld machen? Kochen macht ja jetzt auch Spaß. Wenn sie etwas Sinnvolleres tun würde? In einen Kibbuz ginge? Sie könnte wenigstens gut kochen. Die Finanzen betreuen?
Sieben Jahre im Knast, vielleicht? Wenn sie bis zu diesem Moment gekommen ist, möchte sie davonrennen. Aber da sind die Gitter.
Wie, wenn sie sich verspräche, daß sie Schluß mache zu betrügen. Man konnte ja auch auf bürgerliche Weise Geld machen.
Nein, sie will nichts mehr mit der Vergangenheit zu tun haben.
Sie wird nach Israel gehen. Irgendwie hat sie die Vorstellung, dort ein anderes Leben anzufangen. Sie fühlt sich hier verlassen.
Die meisten Straf- und Untersuchungsgefangenen sind angeschuldigte Heroinverbraucherinnen. Sie kann mit den Frauen wenig anfangen. Einige sind ganz kleine Hascherln, die bei der Prostitution gelandet sind und wieder dort landen werden. Sie hat ihnen die Illustrierte gezeigt und das Bild von Tübingen.
Die kleine Gertie war plötzlich verändert, als sie gesagt hat, das ist mein Haus, dort oben. Mein Haus in Tübingen.
Sie träumt ja!
Sie sitzt im Knast.
Ihre Zukunft ist so ungewiß, daß es kaum zu ertragen ist. Sie glauben alle, daß sie noch Geld hat. Was nützt

ihr das hier? Etwas, solange sie noch in Untersuchungshaft ist. Sie kann den Mädchen Kleinigkeiten schenken, wenn sie Lust hat. Und allein, daß sie glauben, sie hat Geld, bringt ihr einen heimlichen Machtstatus.

Morgen wird sie wieder dem Untersuchungsrichter in D. vorgeführt. Nein, übermorgen.

Morgen steht sie um fünf schon in der Küche. Heute morgen hat sie Weinschaumsoße geschlagen. Als der Rührbesen an die Schüssel schlug, ist sie erschrocken. Ja, sie schlagen das alles mit der Hand. Kein elektrisches Gerät dafür. Es klapperte an die Schüssel. Man befahl ihr, so zu schlagen, daß man es nicht hört.

Und dieses Geräusch, der scharfe Ton in der Stimme, sie hatte wieder solches Herzklopfen, daß sie sich setzen mußte. Sie hatte Angst vor einem nächsten Herzanfall.

Es ist nicht wahr, daß ihr der Knast nichts ausmacht. Sie zeigt es nur nicht. Aber sie macht sich Sorgen, daß sie krank wird.

Sie hat Angst, allein nachts in der Zelle zu liegen. Jeden Abend rasselt der Schlüssel im Schloß, und der Riegel wird zusätzlich vorgeschoben. Das ist der Moment, wo sie schreien will. In Panik zum Fenster geht. Bis sie sich befiehlt, tief Luft zu holen. Zu atmen. Sie geht an das vergitterte Fenster. Aber sie empfindet kaum Erleichterung, es fällt ihr schwer zu atmen.

Dieses Geräusch, wenn Metall auf Metall kommt, sie wird sich nie daran gewöhnen. Es gibt Frauen, die schließen sanft zu, schieben den Riegel so vor, daß man ihn kaum hört. Aber andere knallen ihn vor, als würden sie ihren Frust damit los.

Und da ist es dann wieder, das Gefühl absoluter Gewißheit, daß man eingeschlossen wird und ist.
Hilflos ist.
Es keinen Ausweg gibt.
Schon als Kind hat sie nicht vertragen, wenn man die Tür zum Kinderzimmer schloß. Sie haben die Tür immer aufgelassen. Sie verträgt auch nicht, wenn sie in einem Wartezimmer sitzt, daß die Tür zum Flur geschlossen ist.
Sie bekommt Platzangst.
Aber jetzt werden die Türen geschlossen. Auch die Tür im Zimmer des Untersuchungsrichters. Und, wenn sie einmal raus darf, außerhalb der Anstalt sich bewegen darf, muß sie Handschellen anhaben.
Eingeschlossen wird immer.
Erniedrigt wird immer.
Wieder spürt sie einen Schmerz zum Herz hin.
Letzte Woche wurde ihr spät abends übel in der Zelle.
Sie hatte geklingelt. Niemand kam.
Gertie hatte gesagt, klingele nie. Erste Regel im Knast, sie kommen doch nicht. Aber sie klingelte, und dann wurde ihr schlecht.
Sie kamen viel später.
Gertie hatte wie wild geläutet, sie hatte gerufen und keine Antwort bekommen. Sie wußte, etwas war nicht in Ordnung.
Wenn sie jetzt klingelt, kommen sie sofort. Aber sie empfindet keine Genugtuung dabei.
Sie wünschte sich, diese Tortur der Untersuchungshaft würde zu Ende gehen. Dieses Warten auf das Urteil. Dieses Warten auf die Entscheidung, wie lange sie nun würde einsitzen müssen. Die anderen waren verurteilt,

sie konnten sich damit abfinden, und sie sahen irgendwo ein Ende ab.
Wieder das Herzklopfen.
Der Rauch stört sie.
Qualm?
Vor einigen Wochen drang Rauch in die Zellen. In Preungesheim gibt es keine modernen Sprinkleranlagen. Natürlich kann eigentlich nicht viel in einer solchen Zelle brennen, aber die Vorstellung, daß doch Feuer ausbräche, macht sie hysterisch. Der Blick zum vergitterten Fenster, es wäre aussichtslos, sie würden verbrennen.
Wie sollten in einem Ernstfall die wenigen diensthabenden Frauen es schaffen, die vielen Zellen und Zwischengitter aufzuschließen, vor allem, wenn sie sich selbst in Gefahr brächten.
Sie träumt von Feuer.
Sie träumt von einem Anschlag. Und es nutzt ihr wenig, wenn sie aufwacht zu denken, daß praktisch kaum Gefahr besteht.
Aber die Vorstellung, daß Wasser in die Zellen dringen kann. Vor einigen Wochen gab es den Wasserrohrbruch. Wieder waren sie alle eingeschlossen. Es war harmlos gewesen. Wasser lief in die Zelle.
Aber nun träumt sie, das Wasser käme in die Zelle und stiege höher und höher und sie käme weder zur Tür noch zum Fenster raus.
Man schließt keine Menschen ein, hatte sie dem Richter gesagt. Aber wie sollten sie wissen, wie man sich dabei fühlt.
Finden Sie sich ab, hatte er geantwortet.

Wir müssen Widerstand entwickeln gegen dieses Leben im Knast, sagte Silvie gerade. Wir dürfen uns nicht unterkriegen lassen von dieser Lebenssituation hier.
Wir haben eine Chance, wir müssen nachdenken. Müssen uns klarwerden über unser Leben. Wir sind auf dem Weg zu uns, sagte Barbara.
Wir müssen die Angst vor der Zukunft in den Griff bekommen, sagte Astrid. Das ist hier eine Ausnahmesituation, mit nichts vergleichbar. Und die meisten haben nicht genug inneren Widerstand, sich gegen das hier aufzulehnen und Kraft zu entwickeln aus dem Unglück. Sie gehen erst recht kaputt und vor die Hunde. Sie schlagen die Zeit tot, haben nur einen Wunsch, diese Gegenwart nicht recht wahrzunehmen, sagte Olga. Leben mit nur einem Gedanken, daß die Zeit herumgehen müsse. Daß sie wieder in Freiheit sein könnten. So ist es klar, daß viele sich nur noch mehr wünschen, an Dop zu kommen. Dop bringt sie weg aus der Gegenwart. Hier verherrlichen sie das Dop geradezu.
Wozu also soll der Knast gut sein, außer daß dem Wunsch nach Bestrafung Rechnung getragen wird?

Das stimmt, so war es bei mir am Anfang auch, sagte Astrid. Aber die Gruppengespräche haben geholfen. Auch die Gespräche mit der Fürsorgerin. Das Selbststudium innerhalb der Gruppe hat Halt gegeben.
Um so größer ist meine Angst, daß ich draußen doch weitgehend wieder auf mich gestellt sein werde. Hier betreut, draußen, mit den neuen großen Problemen, mir überlassen.
Frau B. wollte etwas einwenden. Astrid winkte ab.
Ich weiß, ich weiß, ich werde draußen locker weiter be-

treut, aber die Tatsache ist doch, daß ich von einem Augenblick auf den anderen wieder eine selbständige Frau sein muß.

Hier war ich über zwei Jahre ein Wesen, das man vom Aufstehen bis zum Schlafengehen reglementiert hat. Nichts habe ich selbständig getan. Wollte ich mir auch nur ein Kleidungsstück anschaffen, mußte ich um Erlaubnis bitten. Ihr kennt das ja. Ich hatte kein Geld mehr zu verwalten, keine Wohnung zu bezahlen, ich durfte so als Kind am Zügel brav sein. Mir wurde im Grunde das Denken abgenommen. Ich bekam zu essen, wenn es Zeit war, ich bekam Kleidung, wenn ich keine hatte, ich wurde seelisch ein wenig betreut, ich bekam meine Pille, wenn ich Schmerzen hatte.

In wenigen Tagen hört das auf. Ich werde entlassen. Ich stehe draußen, und alles hat sich verändert. Ich bin nicht mehr gewöhnt, draußen zu leben, ich habe Angst davor.

Und meine Aussichten? Ich kann jetzt Steno und Maschinenschreiben. Aber ich bin eine Vorbestrafte. Und das bei dieser Lage auf dem Arbeitsmarkt.

Ich mache mir Sorgen, daß ich verlernt habe zu leben. Ganz stinknormale Dinge zu tun. Ich mache mir Sorgen, wie mein Mann und ich uns wieder begegnen. Ich mache mir Sorgen um meine Tochter, ob sie alles verkraftet hat. Und, ich habe mich von allen entfremdet. Zwei Jahre Ausgelöschtsein.

Als sei ich tot gewesen.

Und ich fürchte, sie haben mich vergessen auf ihre Weise. Sie sind ausgekommen ohne mich, und kommen sie wieder mit mir aus?

Das ist unser aller Angst, sagte Barbara. Wir kommen wieder in Freiheit, aber verkrüppelter und chancenloser als vorher.
Die Probleme, die zur Straffälligkeit geführt haben, sind in den meisten Fällen nicht beseitigt, sondern gewachsen.
Die Gefahr der sich wiederholenden Rückfälle ist nah.
Wir waren im Grunde alles verwaltete Menschen, die, wenn sie die Strafe verbüßt haben, wieder in Freiheit abgeschoben werden.

Ich dachte, daß im Grunde nur eine Strafzeit in einer freien, begleiteten Lebensform in normaler Umgebung einen Ausweg brächte. Eine Zeit, in der soziales Verhalten geübt werden könnte, und das eben nicht nur als ein kleines Trainingsspiel, kurz vor der Zeit der Entlassung.
Diese Frauen, soviel erkannte ich schon, versuchten, sich mit all ihrer Energie gegen die Entmündigung und die Entwicklung zur Passivität aufzulehnen und sie zu verhindern.
Vielleicht war eine Gemeinschaft, ein gemeinsames Bemühen, ein Sich-gegenseitiges-Helfen die einzige Chance, nicht zu verzweifeln und aufzugeben?
Wieviel mehr mußten sie erst leisten, um gegen Depressionen und Angst anzugehen, wenn man draußen oft schon viel Kraft brauchte, um Ängste zu erkennen und dagegen zu kämpfen.
Fröhlichkeit und Spaß miteinander haben, waren hier ebenfalls etwas, das alle brauchten.
Und wieder hatte ich das Gefühl, in eine Gemeinschaft eingebunden zu werden, die gerade zu entstehen be-

gann. Ich hatte Respekt vor der Haltung des Sich-nicht-Aufgebens.

Da sagte Melanie, ich könnte mich umbringen.

Jede von ihnen hatte sicher schon einmal gedacht, ich könnte mich umbringen. Barbara sprach wieder mit Melanie. Olga sagte, daß sie ihr ein Buch leihen würde. Es sei eine echte Hilfe, darin zu lesen. Astrid lachte. Ina sagte, kommst du nun wieder?

Ja, sagte Barbara, es wäre wunderbar, wenn wir uns wieder treffen könnten.

Frau B. sah zu mir hinüber. Ich dachte an die Arbeit im Atelier, die Arbeit mit dem Kind, die vielen anderen Verpflichtungen, überschlug all das, was getan werden mußte. Und sagte, wenn es möglich ist, komme ich. Frau B. erklärte die Situation. Ina durfte nicht mit Erwachsenen zusammen sein. Rita war Untersuchungsgefangene und kam auch nicht mit Strafgefangenen zusammen. Alle anderen waren ebenfalls auf verschiedenen Trakten. Drogensüchtige, Frauen der Motivationsstation, Frauen von der Therapiestation, Straffällige, alle auf verschiedenen Trakten.

Man müßte bei der Gefängnisleitung um eine Genehmigung bitten. Und um eine Genehmigung, ohne Aufsicht zusammenkommen zu dürfen. Es gab viel zu wenig Dienstpersonal, niemand war da, einen neuen Kurs zusätzlich zu betreuen.

Alle machten bereits Pläne.

Ich schlug vor, neben der Beschäftigung mit Themen aus dem Bereich der bildenden Kunst sich auch praktisch zu beschäftigen. Es vielleicht mit Glasmalerei zu versuchen.

Auch Barbara hatte Ideen. Sie könnten die Bibliothek umkrempeln. Der Bücherstand war veraltet. Alle könnten Briefe an Verlage schreiben. Es gäbe viel zu tun.
Sie könnten Initiative entwickeln.
Es war 20 Uhr. Frau B. machte seit langem Überstunden. Sie erschraken, als sie hörten, wie spät es schon war. Sie standen auf und gingen lachend hinaus.

Draußen unter der Aufsichtskabine blieb Barbara plötzlich stehen. Auf allen Gängen eiliges Gerenne zu den Waschbecken, zu den Zellen. Die Frauen holten sich Waschwasser in ihre Zelle.
Barbara stand da und weinte. Ich hatte vergessen, daß ich im Knast bin. Sie umarmte mich spontan und ging dann schnell bis zum Gitter vor ihrem Trakt. Sie mußte dort warten, bis ihr jemand aufschloß.
Auch die anderen, die zu ihren Trakten gingen, mußten warten. Sie hatten es nun sehr eilig. Sie wollten sich für die Nacht zurechtmachen.
Es ist sofort Einschluß, sagte Frau B.
Olga stand noch neben uns. Wenn ich keine Zeit mehr habe, mir warmes Wasser zu holen, kann ich mich nicht mehr waschen. Die paar Waschbecken vor den Toiletten sind meist belegt. Ich möchte mir auch noch einen Tee machen. Ohne meinen Tee für die Nacht bin ich nur eine halbe Frau.
Weißt du, Ruth, eine Thermosflasche ist hier ein lebenswichtiges Ding. Du kannst nachts etwas trinken in deiner Zelle. Sie klopfte mir freundschaftlich auf die Schulter und ging zu ihrer Treppe hin.
Kein Wasser in der Zelle, keine Toilette, ein Alptraum.

Ja, Preungesheim ist veraltet, sagte Frau B. und suchte wieder den richtigen Schlüssel. Die Zellen des B- und C-Traktes haben kein fließendes Wasser und keine Toiletten. Es wird im Amtsdeutsch gekübelt. Und das wiederum heißt, daß die Kübel morgens von bestimmten, dafür abkommandierten Hausmädchen geleert werden müssen. Olga ist so ein Hausmädchen hier. Dafür bekommt sie eine Zulage.
Sie werden noch die Beschwerden hören. Aber soviel ich weiß, gibt es das auch nur noch in Preungesheim. Man wollte immer einen modernen Knast bauen und ließ die alten Zustände. Nun, einen neuen Knast gibt es nicht, aber die veralteten, unhygienischen, unzumutbaren Zellen bleiben. Mit Frauen kann man's ja machen.
Wir gingen wieder den Gang hinunter. Warum sind sie hier?
Frau B. wußte es nicht. Es interessierte sie nicht. Sie war für die Jugendlichen zuständig.
Keine hätte es nötig gehabt.
Ein Satz, der mich noch lange beschäftigte. Viele der Inhaftierten in Preungesheim sind Süchtige. Die Überbelegung kommt durch sie. Die angestrebten Reformen drohen zu versanden. Sie waren konzipiert für Strafgefangene, nicht für Süchtige. Süchtige gehören nicht in eine Strafvollzugsanstalt, das ist meine Meinung.
Rita, Olga, Barbara sind wegen anderer Delikte hier. Astrid, Silvie, Ina waren süchtig, Melanie weiß ich nicht. Vielleicht sprechen sie selbst noch darüber.

Frau B. gab mir oben auf dem Treppenabsatz einen Brief. Sie hatten ihn für mich vorbereitet. In einer Ecke waren rote Blütenblätter aufgeklebt. Darunter stand das Gedicht von Rilke „Der Panther".
Ich sah hinüber zum Pförtnerhaus.
Da waren sie, die Stäbe des Panthers.
Ich sah am Haus hoch, wohin man sah, die Stäbe.
Was mich aber am meisten überraschte, alle Frauen hatten mit ihrem vollen Namen unterschrieben.
Ich bekam meinen Paß zurück.
Ich war frei.
Ich durfte gehen, wohin ich wollte.
Frische Luft und ein paar Sterne am Himmel. Nur über die Mauer hinweg sah ich die vergitterten Fenster. Sie waren bereits eingeschlossen.
Würde Barbara weinen? Was tat Rita in der Zelle? Hatte Olga noch ihr Wasser bekommen?
Die Fahrt über die Autobahn war problemlos. Überhaupt schienen alle Probleme verkleinert.
Ich hielt an meiner Eckkneipe. Es gab schon frischen Apfelmost.
Paul, der Lastwagenfahrer, stand neben mir. Er startete gleich nach Italien und trank seinen Kaffee. Der rundliche Heinrich trank seit einer Woche Wasser, wegen der Leber. Er mußte noch einen Test machen, um seinen Führerschein wiederzubekommen. Und da muß die Leber sauber sein, sagte er.
Am Stammtisch kloppten sie einen Skat. Schorsch, der Wirt, er wurde von allen Schorsch genannt, keiner wäre auf die Idee gekommen, ihn Georg zu nennen, servierte sein Schnitzel Beate, seine Erfindung. Und gleich darauf klopfte er in der Küche das nächste

Schnitzel, daß es durch das Lokal knallte. Die Jungens an der Theke riefen, aus einem Gulaschstückchen läßt sich kein Schnitzel klopfen, Schorsch.

Ich fühlte mich wie nach einer Krankheit. Ich freute mich auf die Wohnung, freute mich auf das Kind.

Der Junge hatte seinen Ranzen wieder nicht gepackt. Die Jacke lag im Flur, der Küchentisch war mit Nutella verschmiert. Es regte mich nicht auf.

Darf ich bei dir im Bett schlafen?

Ja.

Ich hatte Lust zu lesen. Ich konnte das Licht anknipsen, ausknipsen, wann immer ich Lust dazu hatte. Ich konnte Musik hören. Den Fernseher anschalten.

Ich konnte gehen, wohin ich wollte.

Ich ging früh ins Bett. Wir kuschelten uns aneinander. Barbara würde ihren Sohn vermissen. Warum war es so weit gekommen?

Die Tür zur Wohnung des alten Herrn stand offen. Er war jetzt über neunzig und verließ selten die Wohnung. Er ließ sich aus der Stadtbücherei Bücher bringen, man sah ihn selten. Alle vierzehn Tage brachte ihm ein Lebensmittelhändler alles, was er brauchte. Er aß gern Gemüse und Kartoffeln. Der Gemüsehändler suchte besonders große Kohl- und Salatköpfe aus, sonst schimpft er, war sein Kommentar.

Der alte Herr schlief tagsüber, und gegen Abend hörten wir seinen Fernseher bis Mitternacht. Er schaltete ihn nie ab. Hatte er vergessen, das Hörrohr aufzusetzen, dröhnte es ebenfalls durchs Haus. Vermischten

sich diese Geräusche mit Kathies Musik, war es kaum zu ertragen.
Er hatte mich gehört und rief.
Er saß in seinem Sessel, der Fernseher lief, und er versuchte sich aufzusetzen. Dabei stöhnte er, sagte, daß er schon zu lange auf der Welt sei. Er eröffnete mit diesem Satz fast jedes Gespräch.
Er schaffte es, den Oberkörper ganz aufzurichten, und schimpfte, daß Kathie schon seit Wochen nicht mehr das Treppenhaus putze. Die Müllerin, seine alte Dame, putze nun in der Woche, in der er die Hausordnung habe, auch nicht mehr. Er müsse ihr recht geben.
Ja, sagte ich, ich werde es Kathie sagen.
Das wird nichts nützen. Es wird auf einen Zweikampf hinauslaufen, den sie gewinnt. Es wird Zeit, daß man sie hinauswirft, sie gehört in eine Schlichtwohnung.

Der alte Herr kannte Kathie schon als kleines Mädchen. Er hatte sie einmal gern gehabt. Jetzt sagte er nur, es geht nur noch abwärts mit ihr, sie hat keinen Charakter.
Ich stellte den Fernseher nach.
Der alte Herr schmunzelte. Gestern habe er Kathies Flurmatte vor der Wohnungstür hochgehoben und zur Seite gelegt. Ein unvorstellbarer Schmutz läge da. Aber sie habe die Matte einfach wieder darüber gelegt, ohne sauberzumachen.
Ich vermutete, daß Kathie nicht einmal einen Besen und eine Kehrichtschaufel besaß. Der Staubsauger war schon lange kaputt.
Meine alte Dame beschwert sich nur noch über das Mädchen, sagte er wieder. Sie verstopft die Müllton-

nen mit ihren Windelpackungen. Wirft alles daneben, und dabei war sie doch so reizend, als sie einzog.

Am Anfang war Kathies Wohnung hübsch eingerichtet gewesen. Sie konnte mit Kleinigkeiten zaubern. Alle mochten sie. Und als sie mit dem Kind aus der Klinik zurückgekommen war, mußte sie jeden Nachmittag den alten Herrn besuchen, mit dem Kind selbstverständlich.

Er schaltete jetzt vom ersten Programm auf das zweite, das dritte, wieder auf das erste. Steht der Motor immer noch im Keller?

Ja.

An einem Samstag hatte Max einen öligen Motor in seinen Vorratskeller geschleppt. Es stank nun nach Öl im Keller. Alle hatten Angst um ihre Vorräte. Der alte Herr hatte getobt, aber Max hatte sich nichts aus seinen Vorwürfen gemacht. Alle hatten sich bei ihm beschwert, doch er ließ den Motor, wo er war.

Es gab damals auch Ärger, weil er seinen verbeulten Ford und alle Autos, die er gerade reparierte, halb auf dem Bürgersteig vor dem Eingang des Hauses parkte. Und das auch noch im Halteverbot. Es gab noch mehr Ärger, als sein alter Ford ständig Öl verlor. Er reagierte auf keinen Vorwurf und parkte den Wagen unbeirrt auf der gleichen Stelle.

Als er inhaftiert wurde, stellte er ihn in den winzigen Hof, der zum Haus gehörte. Er verlor weiterhin Öl. Stand allen im Weg, alle mußten um ihn herumgehen, die Kinder kickten den Fußball an den Wagen.

Ich legte dem alten Mann die Decke um die Knie, verabschiedete mich und ging ins Atelier.

Ich wollte an der Christusfigur arbeiten. Doch im Atelier setzte ich mich hin und schenkte mir ein Glas Wein ein.
Konnte ich diesem Mädchen helfen?
Ich sah Kathie direkt auf Preungesheim zusteuern.
Max hatte es bereits getroffen. Und gestern?
Gestern hatte mir Kathie ein Paar lilafarbene Lackschuhe gegeben. Sie sind mir zu klein, hatte sie gesagt. Leider.
Und auf die Frage, wer ihr die Schuhe geschenkt habe, hatte sie fast stolz gesagt, ich habe sie geklaut. Aber ich Idiot hätte auf die Größe achten sollen. Jetzt stehen meine alten Schuhe in dem Geschäft, und die neuen passen mir nicht.
Ich hatte die Schuhe Kathie in die Hand gegeben und nur gesagt, sie sind mir auch zu klein. Mehr nicht.

Ganz überraschend für alle kam die nächtliche Hausdurchsuchung. Dieses Klopfen an die Haustür, an die Fensterläden und das Sturmklingeln. Sie kamen mit einer ganzen Mannschaft.
Ich machte mir Vorwürfe, daß ich keinerlei Veränderung an Kathie bemerkt hatte, denn es gab genug Anzeichen: Allmählich war die Wohnung schwarz gestrichen worden und wirkte dadurch wie eine Höhle. Es lag eines Tages ein lila Teppich auf dem Fußboden. Das Licht war abgedunkelt. Da Kathie die Läden kaum noch öffnete, war es auch am Tag dunkel in der Wohnung. Ich hatte damals nur flüchtig einmal von draußen in die Wohnung gesehen, als ich Kathie ein Päckchen aus Thailand gab, das für sie bei mir abgegeben worden war.

Später gestand mir Kathie, daß in dem Paket aus Thailand Heroin versteckt gewesen war. Ich war erschrocken.
In der Nacht, als sie Max mitnahmen, war Kathie außer sich. Sie fand sich ohne Max nicht zurecht, sie hatte keine Freunde. Jedenfalls hatte ich nie bemerkt, daß sie sich anderen angeschlossen hatte.
Kathie brauchte einen Menschen, der für sie da war. Der Kleine brauchte umgekehrt ihre ganze Fürsorge, er war kein Gesprächspartner und keine Hilfe für sie. Sie war überfordert. Noch behielt sie die Stereoanlage und die großen Lautsprecher. Viel mehr an Wertgegenständen gab es auch nicht, aber später mußte sie alles verkaufen. Sie versuchte, alles zu Geld zu machen. Bis auf eine kleine Kette mit einem winzigen Rubin, die sie immer trug.
Im Haus wußte man immer noch nicht so genau Bescheid. Ein Teil der Leute war gerade in Ferien gewesen und hatte die Hausdurchsuchung nicht mitbekommen, nur der alte Herr sah jetzt klar. Er sprach das Wort Rauschgift aus, als bekäme er dabei schlecht Luft. Und Heroin sagte er in der gleichen Betonung, wie er im Krieg Brandbomben gesagt hatte. Im Grunde konnte niemand glauben, daß sich solch ein Drama so ganz in der Nähe ihres bürgerlichen Lebens abgespielt habe und abspielte.
Als Max in Untersuchungshaft saß und auf sein Urteil wartete, mußte Kathie angefangen haben, Schlaftabletten zu schlucken. Sie hatte sicherlich kein Geld, um Stoff zu kaufen, sie lebte von der Fürsorge.
Eigentlich brauchte sie wenig. Sie aß fast nichts, ging nie weg. Lebte wie eine Wühlmaus vergraben, bis sie

wiederum so abhängig von den Schlaftabletten war, daß nun die Jagd danach anfing.

Einmal stand sie mit dem Kleinen vor der Tür des alten Herrn, ob er nicht für eine Stunde den Kleinen beaufsichtigen könne? Er sagte, ich kann nicht laufen. Und sie meinte, der Kleine würde in der Nähe seines Schaukelstuhls spielen, er müsse nicht hinter ihm herlaufen. Der alte Herr lehnte ihre Bitte ab, sie bat inständig, sie versuchte, ihn zu überzeugen, mit dem einzigen Argument, das ihr einfiel, sie müsse gründlich putzen.
Sie wollte ihm damit imponieren. Sie stand barfüßig vor der Tür und bettelte.
Da sagte er, sie solle dem Kind einen Lappen in die Hand geben und es putzen lassen. Sie hätten dann beide ihren Spaß. Er lehnte ab, das Kind zu beaufsichtigen.
Kathie hatte bereits Schlaftabletten genommen. Auf dem Weg zurück in ihre Wohnung hatte sie sich für einen Moment am Geländer festgehalten und war plötzlich die halbe Treppe hinunter getorkelt. Vorm Fallen fing sie sich gerade noch. Der alte Herr hatte sich gewundert, warum sie so die Treppe hinuntergetorkelt war. Sie sei nicht betrunken gewesen, sagte er, sie habe nicht nach Alkohol gerochen. Nun, vielleicht sei sie einfach nur ausgerutscht. Jedenfalls habe er ihr gut zugeredet. Und sie sei nun vorsichtig und sehr langsam, beide Hände am Geländer, die Treppe hinaufgestiegen.
Er fand, daß er gut mit ihr umgegangen war. Freundlich, ermahnend und nicht nachgebend.

Ich hatte Kathie eine Stunde später gefunden. Kathie lag in einem total überheizten Zimmer reglos im Bett. Ihr Bett stand auf einem selbstgebauten Podest im hinteren Teil des Zimmers. Das Kind spielte auf dem Fußboden. Im ersten Augenblick hatte ich gedacht, Kathie sei tot. Doch als ich sie ansprach, erkannte Kathie mich und sagte, laß mich schlafen.
Mir war zuerst aufgefallen, daß Kathie, die sonst schnell ihre Tür zur Wohnung schloß, damit niemand hineinsehen oder hereinkommen sollte, die Tür offengelassen hatte. Sie hatte das Türschloß gesperrt, so daß sich die Tür nicht zumachen ließ. Ich hatte die Tür ein Stück geöffnet und nach ihr gerufen. Der Kleine saß auf dem Boden, und Kathie antwortete nicht.
Später vermutete ich, daß Kathie den Kleinen nicht in der Wohnung hatte einsperren wollen. Oder wollte sie ebenfalls nicht ganz eingesperrt sein?
Auf meine dringende Bitte war der Arzt gekommen und hatte nach Kathie gesehen. Im Haus hatte niemand etwas bemerkt.
Kathie hatte am anderen Tag gesagt, nun ist Schluß mit dem Tablettenkram. Aber sie sagte auch, ich habe solche Angst, Angst vor Entzugserscheinungen, den Anfällen, ähnlich epileptischen.
Das Wort epileptisch mache sie verrückt. Es erinnere sie an etwas in der Kindheit. Und sie habe Furcht vor der Klinik, glaube, man wolle sie dort behalten oder schicke sie gleich in eine geschlossene Abteilung.
Sie habe Angst, verrückt zu werden.
Der Arzt hatte mit Kathie gesprochen, dann war er wieder gegangen. Ich mußte ebenfalls gehen, und Kathie war sich wieder selbst überlassen.

Niemand blieb bei ihr.
Das Bild der im Bett liegenden Kathie in dem kurzen Nachthemd, mit den angewinkelten Beinen und den nach außen gedrehten schmutzigen Füßen, überfiel mich, doch mein Mitleid schlug in Zorn um, wenn ich an den kleinen Jungen dachte.
Am nächsten Tag hatte Kathie eine verblüffende Aktivität entwickelt. Sie hatte ihr Bett in seine Einzelteile zerlegt und auf den Boden geschafft, auch das Podest schaffte sie weg. Ich hätte ihr niemals soviel Kraft zugetraut, die schweren Bretter nach oben zu schaffen, immerhin drei Stockwerke hoch. Sie schaffte fast alles alleine auf den Boden.
Später half ihr Christian, der neue Freund. Er war etwa zwei Wochen zuvor plötzlich aufgetaucht. Ein ebenfalls spindeldürrer Mann mit roten, abstehenden Haaren. Auch so ein Fixer, sagte der alte Herr.
Da das Haus sehr hellhörig war, hörten alle, wenn Christian ankam. Er drehte die Stereoanlage weit auf. Kathie hatte sich in Christian verliebt. Mit Max hatte sie zuletzt heftige Auseinandersetzungen gehabt. War aus der Wohnung gelaufen, er hinter ihr her, sie wieder am Arm hereinzerrend. Kathie strahlte nun, wenn Christian kam.
Christian versteckte ihr die Schlaftabletten und brachte nun Bier, Wein und später Rum mit. Kathie hatte sich bis dahin nichts aus Alkohol gemacht.

Eine der Nachbarinnen, die im Parterre im gegenüberliegenden Haus wohnte, verfolgte Kathies Tun mit Neugier. Nach einiger Zeit freundete sie sich mit Kathie an.

Kathie nannte sie Mimi, so hatte sie immer ihre Katze gerufen, sie war überfahren worden.
Eines Abends fuhr Mimi Kathie zu einer Diskothek, um Christian zu suchen. Sie hatte noch nie eine Diskothek von innen gesehen und fand den Ausflug im Grunde aufregend, obwohl sie sich nicht erklären konnte, warum sie sich von Kathie hatte beschwätzen lassen.
Wenn Kathie etwas erreichen wollte, war sie ungemein raffiniert. Immerhin war es für Mimi ungewöhnlich, nachts um elf mit der verrückten Kathie durch die Stadt zu fahren und die Diskotheken abzuklappern, um einen jungen Mann namens Christian zu finden.
Kathie war zu Mimi in die Wohnung getorkelt und hatte behauptet, sie habe Schlaftabletten geschluckt, und sie würde sie alle schlucken, wenn sie Christian nicht finden würde.
Sie fanden Christian nicht, und Kathie weigerte sich, wieder mit nach Hause zu fahren. Sie gab Mimi den Wohnungsschlüssel, damit sie nach dem Kind schauen konnte. Sie selbst blieb vor Christians Wohnungstür auf dem Bürgersteig sitzen, um auf ihn zu warten.
So saß sie die halbe Nacht, ohne Strümpfe, ohne Schuhe, mit nichts an als dem dünnen Kleid, das sie fast immer trug.
Die Nachbarin hatte den Kleinen geweckt und mit zu sich genommen. Sie hatte ihm die Windeln gewechselt, Milch heiß gemacht und, da er nicht einschlafen wollte, mit ihm gespielt.
Und das mit meinen sechzig Jahren, sagte sie morgens.
Mimi selbst hatte keine Kinder, sie war nur kurz verheiratet gewesen, ihr Mann war im Krieg gefallen.

Der Kleine mochte Mimi. Sie holte ihn nun öfter, bis es ihr zuviel wurde und sie sich weigerte, das Kind zu nehmen.
Kathie brachte ihr das Kind zu jeder Tages- und Nachtzeit.
Zunächst konnte Mimi nicht nein sagen, aber als sie sich ausgenützt fühlte, schob sie Kathie und das Kind zur Tür raus, auch wenn es weinte und bei ihr bleiben wollte. Und doch tat ihr das Kind leid. Sie schloß meist hinter Kathie die Tür innen zu, drehte den Schlüssel zweimal um, holte sich ein Bier aus dem Eisschrank und drehte den Fernseher an.
So allmählich fanden auch die anderen Mieter, daß Kathie sie ausnütze. Sie weigerten sich, ihr zu helfen. Als sie einmal mit einer schweren Bronchitis durchs Haus geisterte, öffnete niemand.
Ich rief einen Arzt. Kathie blieb zwei Tage in der Wohnung und rannte am dritten bei 10 Grad Außentemperatur barfuß zum Bäcker, um Bier und Brötchen zu holen.
Ab einem bestimmten Zeitpunkt öffnete auch Mimi die Tür nicht mehr, wenn Kathie davor stand.
Sie habe sie zu oft belogen und enttäuscht. Sie habe ein Gefühl großer Abneigung, fast einen Widerwillen, manchmal Angst. Sie fühle sich von Kathie verfolgt. Das Mädchen wasche sich nicht mehr, sie ekle sich. Das Kind würde ihr leid tun, aber sie sei nicht zuständig.
In dieser Zeit klingelte Kathie ständig bei mir. Sie bat mich um Schlaftabletten, Limonade, Brot, darum, telefonieren zu dürfen, oder wollte einfach nur mit mir reden. Es wurde mir zuviel.

Diese ewigen Störungen, es gibt schon genug Verzettelungen. Ich möchte arbeiten, sagte ich laut und schenkte mir noch ein Glas Wein ein.
Doch ich brachte es nicht fertig, Kathie abzuweisen.
Ein paar Mal versuchte sie es anders. Ich gab ihr zwanzig Pfennig, damit sie zur nächsten Telefonzelle gehen und anrufen sollte. Doch Kathie legte das Geld auf den Couchtisch, hatte alle möglichen Ausflüchte, sie ging nicht.
Ich kannte mich mit Drogenproblemen nicht aus. Hatte einiges darüber gelesen, aber jetzt, unmittelbar damit konfrontiert, war ich unsicher. Ich schlug Kathie vor, zur Drogenberatung zu gehen; sie lehnte heftig ab.
Ich suchte die Telefonnummer heraus, rief an, machte einen Termin für den nächsten Tag aus. Kathie ging nicht.
Es dauerte Monate, bis sie nachgab und ich wieder anrufen und einen neuen Termin vereinbaren konnte.
Wieder hielt Kathie die Verabredung nicht ein, bis sie eines Tages von ganz alleine hinging.
Der erste Kontakt war hergestellt.
Ich fühlte mich jetzt oft überfordert. Kathie kam angerannt, wann immer es ihr paßte. Ich sollte für sie verfügbar sein wie die Mittel, die sie nahm. Das war nicht möglich.

Als sie das erste Mal von der Drogenberatung kam, war sie enttäuscht. Sie hockte sich neben mich auf die schmale Couch, kuschelte sich wie ein Kind in meine Arme, was mich in eine Abwehrstellung brachte. Sie ist schmutzig, dachte ich, aber ich streichelte sie wie ein Kind.

Kathie weinte und sagte, daß sie dort alle die gleichen Phrasen gedroschen hätten. Wenn du mit mir redest, sehe ich das ein.
Ich holte Tempotaschentücher, und Kathie faßte wieder einmal den Entschluß, mit allem aufzuhören. Sie wirkte erleichtert. Ihr Gesicht war verschwollen. Sie ging ins Bad, um sich zu waschen.
Ich dachte, Kathie könne es schaffen. Wenn es nur jemanden gäbe, der sie gern hätte und mit ihr durchhielt.
Max wollte das tun.
An einem Samstag stand er plötzlich im Treppenhaus. Er hatte Urlaub für ein Wochenende. Er stand da, den Kleinen an der Hand, Kathie neben sich, sie sahen aus wie eine heile Familie.
Sie würden es schaffen, sagte er.
Max war gerade zweiundzwanzig geworden und nur wenig älter als Kathie. Ich wunderte mich über seinen neugewonnenen Mut und Optimismus.
Kathie wirkte zerbrochen und krank neben ihm.
An diesem Wochenende tauchte Christian nicht auf. Doch montags hielt sein Lastwagen da, wo der Ford von Max gestanden hatte. Er stand im Treppenhaus, den Kleinen auf dem Arm, Kathie neben sich. Sie ging neben ihm her zum Lastwagen. Sie hatte sich geschminkt, trug Schuhe, einen Rock und eine Bluse.
Er hob erst den Kleinen und dann sie ins Führerhaus.
Sie fuhren los.
Wir fahren raus, ein bißchen raus, sagte Kathie aus dem Fenster.
An diesem Abend sah ich Kathie gegen 23 Uhr im Treppenhaus, sie hatte es sehr eilig. Sie sah mich, erschrak, war aber sofort imstande, etwas zu erfinden.

Wo gehst du hin?
Zur Polizeiwache in die Stadt. Ich muß mich ab jetzt jede Nacht um 23 Uhr dort melden. Ich habe nur Bewährung bekommen, sie wollen mich kontrollieren.
Ich sagte nichts dazu.
Ich hatte vor Kathies Wohnungstür gestanden. Das Glas in der oberen Hälfte war nur notdürftig mit Klebestreifen zusammengeflickt. Bei einem Streit mit Max hatte sie einmal die Tür heftig zugeworfen. Und dann hatte ich doch gesagt: Wenn du so weiter machst, landest du in Preungesheim.
Kathie rannte los.

Ich stand auf und verließ das Atelier. Ich beschloß, Kathies Vater anzurufen. Ich kannte ihn nicht. Er hatte Kathie nie besucht, auch nicht, als der Sohn geboren wurde. Er kannte das Kind nicht.

Kathie hatte mir erzählt, daß ihre Mutter verschwunden sei, als sie sechs Jahre alt gewesen war. Ihr Vater habe gesagt, sie würden sich nun alle beide ein schönes Leben machen. Aber das schöne Leben hatte nur einen Monat gedauert.

Kathies Vater hatte ein Mädchen mitgebracht, das vom ersten Tag an dablieb.

Kathies Kinderzimmer wurde zum Schlafzimmer umrangiert, sie lebten nur in einer Zweizimmerwohnung damals. Für Kathie blieb wenig Platz in der Wohnung. Kathie schlief nachts im Wohnzimmer, ihre Spielsachen hatte man auf den Boden geräumt, ihr Bett auch. Kathies Vater hatte dieses Mädchen bald geheiratet. Kathie und sie mochten sich nicht.

Kathie kam in ein Heim nach M. Im Heim mußte etwas vorgefallen sein, das Kathie nicht verzieh. Sie sprach nie darüber, und ich drängte sie nicht.
Zur Mutter hatte sie gar keine Beziehung, sie existierte nicht für sie. Der Mittelpunkt war ihr Vater. Doch es gab offensichtlich einen Konkurrenzkampf zwischen der Stiefmutter und Kathie.
Die Stiefmutter läßt ihn nicht kommen, hatte sie gesagt, sie schaltet mich aus.
Daß er aber noch nicht einmal den Sohn sehen will?
Kathie hatte die Achseln gezuckt.

Ich machte mir ernsthaft Sorgen um Kathie, jetzt, da ich wußte, wie Preungesheim war. Die einzig unbeschwerte Verbindung hatte das Mädchen nur mit den Kindern der Umgebung.
Die Kinder besuchten sie oft, sie fanden Kathie romantisch. Die Wohnung, in der es keine Stühle gab, nur einen Sessel, kein Bett, nur ein Tischchen.
Sie hockten dort alle auf dem Fußboden und fühlten sich wohl.
Bis eine der Mütter das verbot. Andere Mütter hörten das und verboten die Besuche ebenfalls. Kathie würde die Kinder belasten. Kathie ging mit den Kindern um, als sei sie eine von ihnen. Sie war zärtlich, konnte erzählen, nahm sie ernst. Sie hatte die Kinder gern.
Ich zögerte, ob ich tatsächlich anrufen sollte.
Ich fror, obwohl es draußen warm war. Was sollte ich tun?
Ich rief die Auskunft an. Nun, da ich die Telefonnummer kannte, wählte ich auch.

Ich hatte kaum den Namen ausgesprochen, als Kathies Vater auch schon wütend reagierte. Sie hat sich überall Geld geliehen. Selbst beim alten Herrn hat sie sich 50 DM gepumpt. Ich muß alles zurückzahlen. Bei einer Nachbarin ist ein Keller aufgebrochen worden, ich schätze, das geht auf ihr Konto.

Mit ihr ist nichts anzufangen. Sie taugt nichts.
Schon als Kind hat sie nichts getaugt. Sie ist verlogen, charakterlos, ohne Begabung, schlichtweg dumm und faul.

Wo sie auch hinsteuert, sie ist erwachsen, sie hat ein Kind, schlimm genug. Ihr ist nicht zu helfen.
Wohin sie auch steuert, auf den Knast zu, wo immer sie landet, sie wird allen nur Schwierigkeiten machen.
Er hielt inne.

Ich versuchte, ihm zu sagen, daß Kathie Schlaftabletten mit Alkohol geschluckt hatte, daß sie sehr gefährdet war. Daß ich Angst hatte, sie sei wieder in die Drogenszene geraten. Er ließ mich kaum ausreden.

Plötzlich sagte er leise: Ich bin ihr Vater. Ich selbst kann sie nicht anzeigen. Tun sie es. Im Knast ist sie am besten aufgehoben. Wenn sie eingesperrt und verurteilt ist, sind alle das Problem los. Alle. Sie und ich auch und der alte Herr.

Ich hängte ein.
Ich konnte Reaktionen von Wut, Enttäuschung, Mutlosigkeit verstehen. Aber dieses Aufgeben eines Menschen. Kathie war nun einmal seine Tochter.
Und da wundert man sich noch, daß sie Hunde aus fahrenden Autos werfen, Katzen aussetzen und aufeinander schießen.

Der Kater hob die Ohren steil in die Höhe. Etwas in meinem Tonfall hatte ihn erschreckt.

Ich mußte noch einkaufen, bevor ich wieder nach Preungesheim fuhr. Ich hatte keine Erlaubnis, etwas in den Knast für die inhaftierten Frauen mitzubringen. So nahm ich nur für mich Zigaretten mit, niemand hatte etwas dagegen.
Ich war gerade dabei, Milch aus der großen Kühltruhe im Einkaufscenter zu nehmen, als ich Kathies Stimme hörte. Kathie stand in einem schwarzen Kleid, das ihr gerade über die Knie ging, an der Kasse. Drei Flaschen Bier im Arm, eine Packung Milch und ein Brot. Sie lachte und redete hastig auf die Verkäuferin ein.
Sie konnte nicht bezahlen.
Der Verkaufsleiter wurde gerufen. Der Verkaufsleiter, immer blaß und unsicher aussehend, kam verlegen auf Kathie zu.
Sie flirtete mit ihm, strahlte ihn an, beschwor ihn, sie würde am Ende der Woche bestimmt bezahlen.
Ich beobachtete Kathie durch den Gang mit den Lebensmitteln hindurch und staunte wieder über ihre Art, mit Menschen umzugehen, wenn sie etwas erreichen wollte.
An der Kasse bildete sich eine lange Schlange.
Der Verkaufsleiter bat sie zur Seite. Kathie ging an der Kasse vorbei dicht zu ihm hin.
Er holte eine Plastiktüte aus dem Behälter neben der Kasse. Packte die drei Flaschen Bier, die Milch und das Brot ein und gab es ihr.
Sie könne gehen, ohne zu zahlen, aber sie solle nicht wiederkommen. Er hatte ihr alles geschenkt.

Die Nachbarin aus dem Haus gegenüber, die so gern hinter dem Vorhang versteckt alles beobachtete, stand zufällig hinter mir und fischte sich Quark aus der Kühltruhe.

Sie schafft es immer, daß man ihr hilft, sagte sie. Beim Bäcker haben sie ihr letzte Woche ein Brot geschenkt. Und vor zwei Wochen haben sie dem Jungen ein trockenes Brötchen gegeben. Er habe es mit Spaß gegessen. Sie vermute, Kathie gebe dem Kind nicht regelmäßig zu essen.

Als ich bezahlt hatte und draußen auf dem Bürgersteig stand, war Kathie schon nicht mehr zu sehen.

Ich klopfte daheim an ihre Wohnungstür, um zu fragen, ob es ihr gut gehe.

Sie gab keine Antwort und öffnete auch nicht.

Ganz froh darüber, ging ich nach oben.

Diese merkwürdigen Übergänge. Ich hatte manchmal das Gefühl, als sei ich es nicht, die da in der Gefängnisbibliothek saß.

Es war später Nachmittag.

Draußen war das schönste Wetter. Nach den vielen Regentagen wäre ich gerne einmal ein Stück gelaufen. Die Frauen mußten ebenfalls in der Bibliothek sitzen und durften nicht raus. Ich bedauerte sie, da sie sowieso kaum in die Luft gekommen waren wegen des lang andauernden Regenwetters. Olga und Melanie hatten morgens schon um neun ihre Freistunde gehabt.

Es war Samstag, und am Samstag wurde nicht gearbeitet.

Barbara, getrennt wiederum von den anderen, war um zehn Uhr draußen gewesen.
Ina als Jugendliche um elf.
Astrid und Silvie hatten schon um 9.30 Uhr ihre Freistunde.
Es war Samstag und Besuchstag. Alle drei Wochen an den Wochenenden konnten sie besucht werden. Auch die Kinder durften in Begleitung eines Erwachsenen kommen. Aber niemand erwartete Besuch.
Sie saßen alle um den Tisch, vorbereitet wie für ein Kaffeekränzchen. Eine Thermosflasche stand auf dem Tisch. Jede der Frauen hatte eine andersfarbige Tasse vor sich stehen.
Auf der meinen stand Barbara.
Hatte sich Barbara die Tasse mitgebracht? Es war eine hellbraune, bemalte Tasse, wie man sie auf der Kirmes kaufen konnte.
Es ist und bleibt ein Wunder, daß wir uns hier treffen dürfen ohne Aufsicht, sagte Barbara enthusiastisch. Eine Jugendliche, mehrere Strafgefangene und eine Untersuchungsgefangene. Sonst werden wir getrennt, als seien wir ansteckend, sie lachte.
Trennung aus Gründen der Sicherheit und der Ordnung, sagte Silvie.
Barbara schenkte aus der Thermosflasche Tee ein. Sie schenkte die Tassen nur halbvoll, damit der Tee für alle reichen sollte. Neben Ritas Tasse stand eine große Schüssel mit Salat. Rita teilte angeschlagene Teller und Gabeln aus.
Welche Mühe mußte das gemacht haben, mit den wenigen Mitteln, die ihnen zur Verfügung standen, einen Salat zu machen? Es roch intensiv nach Knoblauch.

Rita häufte einen Berg Salat auf meinen Teller. Viel zu viel, denn ich hatte keinen Hunger. Ich mußte das essen, ich probierte vorsichtig. Der Salat schmeckte hauptsächlich nach Knoblauch.
Knoblauch ist gesund. Wir versuchen, im Knast viel Knoblauch zu essen. Rita nimmt die Knoblauchzehen und ißt sie mit ein wenig Salz. Ich stellte mir vor, wie es in den Gängen und Zellen nach Knoblauch roch.
Ich probierte den Tee.
Silvie lachte. Schmeckt merkwürdig, nicht? Es ist kein schwarzer Tee, es ist Spitzwegerich. Spitzwegerich im Gefängnishof gesammelt und getrocknet.
Olga und Barbara hatten ihren Spleen mit dem Gesundheitstee.
Barbara erklärte, wozu der Tee gut sei und holte ein Kräuterbuch aus dem Regal. Gegen Erkältungen ein hervorragendes Mittel, wenn man noch Kandis und Zitrone nimmt.
Silvie tippte sich an die Stirn.
Ich bat um etwas Zucker.
Der Salat und der Tee waren schon eine seltsame Mischung. Ich wußte nicht, wie ich den Teller leer bekommen sollte.
Zucker gab es nicht, aber Olga hatte ein Glas mit Honig mitgebracht. Am Glas klebte noch das Preisschild. Der Honig war sehr teuer gewesen. Olga hatte ihn beim Einzelhändler im Knast gekauft.
An jedem dritten Mittwoch im Monat durften die inhaftierten Frauen bargeldlos in einer Art Tante-Emma-Laden im Schulsaal einkaufen. Das Geld jeder Inhaftierten wurde von der Kasse verwaltet und abge rechnet.

Rita, noch Untersuchungsgefangene, hatte Privilegien gegenüber den bereits verurteilten Frauen. Sie konnte für ihren gesamten Arbeitslohn einkaufen, zusätzlich durfte sie noch etwa 40 Mark ausgeben, da sie Eigengeld mit in die Anstalt gebracht hatte, das von der Kasse verwaltet wurde.
Die Preise bei unserem Einzelhändler sind überteuert, sagte Olga. Alle bestätigten das. Sie ärgerten sich sehr darüber.
Die großen Einkaufscentren haben kein Interesse, im Knast zu verkaufen. Dabei wären wir auf Sonderangebote angewiesen. Hier werden zuviel verschiedenartige Artikel verlangt, die großen Firmen machen sich nicht die Mühe damit.
Auf den Einkauf freut man sich die ganze Woche über, sagte Barbara. Aber meist hat man nicht genügend Zeit, um sich in Ruhe auszusuchen, was man dringend braucht. Mal ein Stück gute Seife, mal ein Haarshampoon, besser als das, was man im Knast bekommt. Irgend etwas, an dem man dann wieder für die nächsten drei Wochen Freude hat.
Ich kaufe vor allem Tee. Andere kaufen Kaffee.
Ich möchte allerdings von meinem verdienten Geld noch etwas ansparen für meinen Urlaub.
Ich versuche daher, so gut wie auf alles zu verzichten, kein Tabak, keine Schokolade, keine Bonbons.
Kekse kaufe ich ganz selten. Ich nehme sie mit in die Zelle und knabbere nachts, wenn ich nicht schlafen kann.
Wer ansonsten nicht sein ganzes Einkaufsgeld ausgegeben hat, bekommt beim Zwischeneinkauf einen Zettel mit der aufgeschriebenen Restsumme. Es gibt eben

Sachen, die aus dem Rahmen der üblichen Gebrauchsgüter fallen, die man aber doch gern hätte. Auf einem Zettel darf man seine Wünsche notieren. Der Zettel wird zum Kaufmann gebracht, er packt alles ein und gibt die Tüte wieder im Knast ab.
Ich spare aber, so gut ich kann. Ich habe keine Extrawünsche.
Sparen von fast nichts, sagte Silvie spöttisch.
Olga schob mir noch einmal das Glas mit dem Honig hin.
Jetzt, da ich wußte, wie teuer der Honig war, auf was Olga alles verzichten mußte, nur um diesen Honig kaufen zu können, mochte ich nichts mehr davon nehmen.
Olga protestierte.
Ich bekam den Rest Tee eingeschenkt, und sie gab mir einen Löffel voll Honig in die Tasse.
Barbara zeigte in die obere Ecke des Bücherregals. Da wird der Spitzwegerich getrocknet. Das ist nicht erlaubt. Aber bei Spitzwegerich nimmt man wenigstens nicht an, daß er süchtig macht.
Anders war es mit den Bananenschalen. Einige Frauen haben die Bananenschalen getrocknet und geraucht. Schmeckt furchtbar.
Seitdem gibt es keine Bananen mehr, sagte Rita. Und das ist verdammt schade.
Silvie schob ihre Tasse mit dem Spitzwegerich zur Seite. Wer will ihn?
Ich habe mich so auf meinen schwarzen Tee gefreut, aber im letzten Paket war kein Tee. Sie haben ihn nicht durch die Kontrolle gelassen. Es war der gleiche Tee wie immer. Abgepackt wie immer, aber dieses Mal habe ich ihn nicht bekommen. Er war von meinen Eltern.

Und es war bereits mein drittes Paket in diesem Jahr. Meine Eltern waren zu großzügig zu mir.
Jetzt können sie kein Paket mehr schicken.
Drei Pakete im Jahr zu je drei Kilo darf eine Gefangene bekommen, mehr nicht, erklärte Rita, Silvie muß bis zum nächsten Jahr warten, damit sie wieder ein Paket bekommt.
Ich merkte, wie die Sache mit dem Tee Silvie nervte. Sie hatte sich auf ihren Tee gefreut.
Eine Kleinigkeit draußen, eine Tasse Tee zu trinken, aber im Knast war die eigene Tasse Tee etwas, das zu einem Stück Privatleben gehörte. Und eine Anordnung, die nicht verstanden als unbegründet empfunden wurde, wurde natürlich als Schikane ausgelegt. So eine Angelegenheit nahm einen großen Raum ein.
Silvie war verbittert, mehr noch, sie war traurig.
Astrid verließ den Raum.
Sie wird am Montag entlassen, sagte Barbara.
Sie hörten, wie Astrid draußen nach der Aufsicht schrie.
Sie freut sich auf Montag, und hat doch noch Angst davor.

Ich habe manchmal auch Angst davor, daß der Tag der Entlassung da ist, sagte Ina. Wie wird es sein, wenn ich wieder die alten Freunde treffe?
Mein Mann und ich haben mit 18 geheiratet, gar nicht viel dabei überlegt. Die Heirat gehört noch zu der Phase, in der ich kaum noch wußte, was um mich herum vorging. Aber ich habe ihn lieb, und ich mache mir Sorgen um Pieter.
Pieter hat mich belogen.

In jedem seiner Briefe stand, daß er clean sei. Arbeit habe, alles in Ordnung sei. Ich hatte gerade meine drei Tage Urlaub, als Jugendliche bekomme ich nicht mehr, damit sie nachprüfen können, ob wir clean geblieben sind, und ich habe ihn gesehen. Erst hat er mich zu täuschen versucht, aber das schafft er nicht. Er hängt voll drauf.
Vor einem halben Jahr schon wollte er in Therapie gehen. Ich war so froh, daß er den Entschluß gefaßt hatte. Er kam in der Therapie in B. an, da sagten sie ihm schon im Aufenthaltsraum, er dürfe nicht rauchen, da ist er sofort umgekehrt und heimgefahren.
Doch er muß eine Therapie machen, das ist unsere einzige Chance. Ob wir überhaupt eine gemeinsame Zukunft haben werden? Wir haben uns noch gar nicht richtig kennengelernt.
Wir wissen nicht, wie wir wirklich sind, aber wir wollen probieren, zusammen zu leben, wenn ich frei bin. Bis dahin muß er es geschafft haben.
Ina saß da in ihrem dünnen Hemdchen und drehte sich langsam eine Zigarette. Den Salat rührte sie nicht an. Vom Tee hatte sie nur von Zeit zu Zeit genippt. Ihre Tasse war noch fast voll.
Sie tat alles behutsam und ohne jede Eile. Sie trank so bedächtig, fast zögernd, als sei der Tee etwas sehr Kostbares.
Wenn ich daran dachte, wie hastig ich oft aß oder etwas trank, ohne darüber nachzudenken, manchmal gedankenlos.
Ina hat Aussicht, eher entlassen zu werden, meinte Rita. Ina hat einen Antrag auf ein Zwei-Drittel-Gesuch gestellt. Das heißt, daß sie, wenn der Antrag auf Straf-

erlaß genehmigt wird, nach Verbüßung von zwei Dritteln der Strafzeit entlassen wird.
Wenn! Alle diskutieren das Wenn und ihre Aussichten, ebenfalls nach zwei Dritteln der Strafzeit entlassen zu werden.
Ich habe keine Aussichten, behauptet Silvie trotzig, ich reagiere nicht so, wie ein Richter sich das wünscht.
Ich gebe nicht klein bei.
Ich habe meinen Stolz.
Die Tür ging auf, und Astrid kam herein. Mit ihr kam Marlene, eine Neue. Eine Frau über vierzig. Braungebrannt, rundlich, mit einem herrlichen rheinhessischen Dialekt.
Astrid stellte den Apfelkuchen, der auf einem bunten Blumenteller lag, mitten auf den Tisch. Das ist mein Abschiedsgeschenk für euch alle.
Ich hatte noch einen Berg Salat auf dem Teller, mir war klar, daß ich ihn jetzt schnell essen mußte.
Ina hatte ihren Salat kaum angerührt.
Ab Montag werde ich euch alle für eine lange Zeit nicht mehr sehen.
Besuchen darf ich euch ja auch nicht, ich sage euch, ihr werdet mir fehlen. Vor allem Barbara, die kann so gut trösten, wenn man einen Katzenjammer hat.
Wie wird es sein, draußen?
Wieder stand die Frage im Raum.
Machte Angst, auch wenn man sich dagegen wehrte.
Du bist draußen, sagte Astrid, du siehst einen Hund und sagst, daß es das noch gibt. Du hast einen Zwanzigmarkschein in der Hand und kennst die Preise nicht mehr.
Du staunst.

Du staunst über alles.

Es ist, als könntest du auf einmal wieder richtig hören, sehen und fühlen.

Du siehst die Autos, den starken Verkehr, und du hast Angst, über die Straße zu gehen. Hier bist du hinter Gittern. Hier hörst du keinen Hund bellen, kein Auto fahren, manchmal siehst du vielleicht einen Vogel, wenn er vorbeifliegt.

Sie schwiegen.

Wenn ich erst draußen bin, ob sie mir's ansehen?

Astrid kratzte auf ihrem Teller herum, obwohl gar nichts mehr darauf lag.

Ich will hier raus, sagte Marlene plötzlich. Ich halte es nicht aus.

Sie ist noch nicht lange bei uns, sagte Rita voller Verständnis.

Ich hätte schon längst meinen Urlaub bekommen müssen, sagte Melanie. Ich halte auch nicht mehr durch.

Rita klärte mich wiederum auf. Sie galt offensichtlich als Expertin für Sachfragen im Kreis.

Astrid schob Melanie Tabak hin, drehte ihr dann aber eine Zigarette, als sie sah, daß Melanie nicht reagierte.

Jedem Strafgefangenen, sagte Rita, steht gesetzlich ein Sozialurlaub zu. Diese Urlaubstage gelten als Haft. Der Urlaub muß beantragt werden. Für die Urlaubstage gelten festgelegte Regeln, sie betreffen das Geld, den Ort des Aufenthalts und die Unterbringung. Melanie, die aus B. kommt, hat noch keinen Urlaub genehmigt bekommen.

Manchmal geht das alles sehr langsam und auch willkürlich, jedenfalls empfindet man es so.

Nun wollen wir mal, sagte Astrid. Sie schnitt den Kuchen durch. Alle freuten sich auf den Kuchen.
Ina schob den Teller mit Salat zur Seite.
Rita nahm den Salat und aß ihn auf.
Ich kam mir als Außenseiter vor, der ich ja auch war. Ich war eine Frau, die sich draußen Kuchen bei jeder Bäckerei kaufen konnte. Die sich einen Kuchen backen konnte, wann immer sie Lust und Zeit dazu hatte. Wenn ich hier eingesperrt wäre, wäre ich nicht wütend auf eine Frau, die problemlos in den Knast kommen und gehen konnte, wann immer es ihr paßte?
Auf die Freiheit, sagte Astrid. Ich werde es schaffen. Ihr auch.
Nun probiert endlich meinen Kuchen.
Du wirst es schaffen, sagte Barbara, die immer etwas Freundliches sagen und tun wollte.
Woher sie die Äpfel habe? Alle auf ihrem Trakt hatten ihre Apfelration gespart, um sie Astrid für ihren Kuchen zu geben.
Es ist mein erster Kuchen. Ich bin 23 und habe noch nie einen Kuchen gebacken. Wic backt man im Knast einen Kuchen, sagte ich, wenn ein Herd nicht erlaubt ist?
Ich wunderte mich wieder über die Freundlichkeit und die Bereitschaft der Frauen, mir alles zu erklären.
Auf unserem Trakt gibt es eine Backhaube, erklärte Astrid, die eine Frauengruppe in Frankfurt spendierte. Du weißt, ich bin in Therapie hier im Knast gewesen, wie auch Silvie. Wir haben schon ein paar Möglichkeiten mehr als die anderen.
Ritas Trakt hatte auch eine Backhaube.
Barbara sagte, wir hatten einmal so etwas, aber eine Frau hat sie eines Tages zerschlagen. Sie war so außer

sich, vielleicht hat es ihr gutgetan. Nur haben wir jetzt keine Backhaube mehr.
Genau wie bei uns mit dem Fön, sagte Ina. Wir hatten mal einen Fön, aber eines der Mädchen hat ihn aus Wut aufgeschlagen.
Alle machten Vorschläge, sie brauchten Föne, Backhauben, Thermoskannen, Regale, einen Eisschrank und anderes mehr. Im Grunde kleine Wünsche, das Leben hinter Mauern zu erleichtern.
Astrid teilte aus.
Wir saßen vor unseren Tellern. Es gab keine Möglichkeit, sie rasch abzuwaschen, um den Kuchen darauf zu legen. Ich hatte endlich den Salat gegessen.
Barbara verteilte Papiertaschentücher. Wir wischten die Teller sauber.
Na endlich, kommentierte Astrid diese Aktion.
Rita besah sich das Stück Apfelkuchen fachmännisch.
Es ist mein erster Kuchen. Probiert endlich.
Der Kuchen war fast nicht zu kauen. Er war hart. Ich wollte mir nichts anmerken lassen und kaute kräftig.
Astrid versuchte, ein Stück vom Kuchen mit einem Löffel zu zerteilen. Sie mußte lachen.
Rita kaute. Der Teig ist zu fest.
Astrid begriff nicht, warum der Teig so hart war.
Alle kauten.
Wieviel Fett hast du genommen?
Genug, er sollte ja gut werden. Meine Frühstücksmargarine von der letzten Woche und ein Pfund Margarine vom letzten Einkauf.
Das war zuviel. Margarine und Mehl müssen in einem bestimmten Verhältnis sein.

Na, weißt du, von dieser Art Verhältnis verstehe ich wenig; alle lachten. Ich habe die Tüte vom Tee genommen und mir ausgerechnet, wieviel Mehl das war, das ich in die Tüte geschüttet hatte. Woher sollte ich eine Waage nehmen?
Man kann das auch mit einem Eßlöffel ausrechnen.
Ja, du Musterköchin. Aber man sah Astrid an, daß sie doch stolz auf ihren Kuchen war.
Astrid gab mir noch ein Stück Kuchen. Ich protestierte und legte es wieder zurück.
Den Rest vom Kuchen stellte Astrid auf den Schreibmaschinentisch für die Zellengenossinen auf ihrem Trakt.
Sie sind sauer gewesen, daß ich ihnen den Kuchen vor der Nase weggetragen habe. Schließlich haben sie mir alle geholfen, den Kuchen zu backen und die Äpfel zu sparen.
Wenn du draußen in der Wohngemeinschaft bist, sagte Rita, kannst du es noch einmal probieren.
Das schon, aber dann seid ihr nicht mehr da.

Astrid war nachdenklich. Sie lebte nun mehr als zwei Jahre in Preungesheim. Sie hatte sich in den letzten Wochen Barbara sehr angeschlossen. Barbara würde Astrid am meisten vermissen. Eine Freundin ging, mit der sie sich verstanden hatte.
Man läßt immer jemanden zurück, wenn man geht.
Mir wird es so gehen, wenn du entlassen wirst, sagte Olga. Ich fürchte, ich werde am längsten hier bleiben.
Rita lenkte ab. Mit dem Geld, das du verdienen wirst, Astrid, kannst du bald anfangen, was du willst. Dann ist es nicht wie im Knast, wo dein Lohn nur zu zwei

Drittel ausgezahlt wird, dabei ist es wenig genug, was man verdient. Du kannst dann auch das letzte Drittel deines Verdienstes verwenden, wie du magst. Du mußt keine staatlich angeordnete Rücklage bilden.
Wieviel hast du nach zwei Jahren Knast jetzt?
Astrid antwortete nicht.
Bei mir werden es vielleicht vierhundert Mark sein, sagte Barbara. Das wird mein Anfangskapital nach meiner Entlassung sein.
Enorm, sagte Rita, und ihr wißt, ich verstehe was vom Geld.
Sie sah zu mir hin. Paß auf. Unsere Geldkonten werden zweifach geführt. Einmal das Eigengeld, falls vorhanden.
Ich besitze nichts, sagte Olga.
Dann die Rücklagen und das Einkaufsgeld.
Ausgeben, gut und schön, sagte Astrid. Erst einmal muß ich eine Stelle haben.
Ich hatte mein Stück Kuchen gegessen. Ich war müde und fühlte mich hilflos und überflüssig in meiner Rolle. Es war, als habe Barbara etwas von meinen Gedanken gespürt. Sie legte kurz die Hand auf meine Schulter. Es ist wichtig für uns alle, daß du da bist.

Marlene sprang plötzlich auf, so daß der Stuhl nach hinten kippte und auf den Boden knallte. Sie schob ihren Teller quer über den Tisch.
Der Kuchen ist gut, aber ich will meinen eigenen Kuchen backen. Daheim in meinem Backofen, daheim bei meinen Kindern, daheim, für meine Kinder.
Ich will hier raus.
Ich will sofort raus.

Hättest du nur dein Geschirr zerschmissen und es deinem Mann an den Kopf geworfen, sagte Barbara und hob den Stuhl auf. Nahm Marlene an den Schultern und schob sie auf den Stuhl, du wärst jetzt nicht hier. Deine Art Rache an deinem Mann war völlig verrückt und sinnlos.
Hat der Richter auch zu mir gesagt.
Sie sah Rita an. Ich habe den Antrag auf ein Halbgesuch gestellt. Wenn das nicht klappt, will ich in den Freigang gehen.
Rita sah zu mir hin. Halbgesuch heißt, sie hat den Antrag auf den Erlaß der Hälfte ihrer Strafzeit gestellt. Aber dieser Antrag braucht die Stellungnahme der Gefängnisleitung, und es müssen gewichtige Gründe für eine vorzeitige Entlassung vorliegen. Marlene macht sich solche Hoffnungen, schnell entlassen zu werden.
Raus hier, sagte Marlene. Nur raus hier. Wenigstens in den Freigang.
Wer mindestens zwölf Monate im geschlossenen Vollzug war, erklärte Rita Marlene, und neun Monate vor dem Zwei-Drittel steht, kann diesen Status beantragen.
Du weißt alles. Du weißt immer alles. Aber rede mir nichts aus. Sag nicht, daß nichts klappt, ich werde verrückt.
Ich rede dir nichts aus.
Sie sah wieder zu mir hin.
Wer in den Freigang kommt, kann außerhalb der Anstalt arbeiten. Er wohnt nicht mehr in dem Haus wie wir jetzt. Wir haben zu Freundinnen, wenn sie im Freigang sind, keinen Kontakt mehr. Das hat natürlich seine Gründe, wenn es uns auch oft sehr leid tut, daß wir

eine Frau, mit der wir so lange so eng zusammengelebt haben, von einem zum anderen Tag nicht mehr sehen und sprechen können.
Wer im Freigang ist, hat eine wirkliche Eigenständigkeit. Er kann kochen, waschen, viele persönliche Dinge erledigen.
Freigang wäre etwas, das uns allen guttun würde.
Es wäre menschlicher, und der Übergang vom Knast wäre vorbereitet.
Wir könnten uns bewähren.
Wer im Freigang ist, bekommt Taschengeld, muß lernen, damit umzugehen. Er zahlt Miete für seinen Wohnraum, ist auf dem Weg, ein freier Mensch zu werden.
Die freie Zeit, die jeder Frau zur Verfügung steht, wird zwar in einer Karte an der Pforte eingetragen, aber man ist einfach frei. Wer einen längeren Urlaub oder Ausgang haben will, muß das nur von der Fürsorgerin verantworten lassen.
Man muß genug Disziplin gelernt haben, sagte Olga. Ich bin jetzt zum zweiten Mal in Preungesheim. Ich war beim ersten Mal im Freigang. Aber ich war noch nicht clean, das habe ich erst draußen gemerkt. Ich bin rückfällig geworden und habe meine Chance vertan. Heute kann ich mich nicht mehr verstehen. Aber es war so.
Jeder kann scheitern, das ist noch nicht der Untergang, sagte Barbara.
Was wird aus mir? Marlene sah Rita an, als hinge von ihrem Urteil ab, was mit ihr geschehen würde.
Marlene ist schon vor vier Jahren verurteilt worden. Aber sie hat, und das ist schon eine verrückte Ge-

schichte, ihren Haftaufenthalt immer wieder hinausgeschoben. Jetzt weiß sie schon kaum noch, warum sie eigentlich hier ist.
Wer mir prophezeit hätte, ich käme einmal in den Knast, den hätte ich für verrückt erklärt.

Marlene hatte bis zu ihrem vierzigsten Lebensjahr ohne große Höhepunkte, aber eigentlich zufrieden und glücklich gelebt.
Es gab da vier Söhne von 12, 13, 15 und 18.
Ein kleines Eigenheim von den Eltern geerbt.
Einen Ehemann, der gut verdiente und samstags oft mit ein paar Freunden auf dem Dorf Musik machte.
Sie war zufrieden.
Der Ehemann von Marlene lernte eine Frau kennen und war wie verwandelt.
Für Marlene stürzte alles zusammen. Ihr Mann kam, ohne sich abzumelden, eine ganze Nacht lang nicht heim. Marlene hatte keine Ahnung von der Existenz einer Freundin. Sie hatte sich alles Mögliche ausgemalt, hatte die Polizei angerufen, war in großer Aufregung. Morgens gegen neun Uhr rief der Ehemann fröhlich an und fragte, ob sie schon gefrühstückt habe. Er frühstücke auch gerade, und er wolle ihr nur sagen, daß er sie betrogen habe.
Von Lügen halte er nichts, und dies sei nun mal die Wahrheit.
Schließlich habe er schon mit 18 geheiratet. Er brauche seine Freiheit. Immer sei er braver Geldverdiener, Vater und braver Ehemann gewesen. Er habe nichts von

seiner Jugend gehabt. Er wolle noch etwas von seinem Leben haben.
Marlene müsse das begreifen. Er käme ja immer wieder zu ihr zurück. Außerdem hätten sie viel zu dicht aneinandergeklebt, ja, regelrecht geklebt. Sie habe ihn zwar zum Musikmachen weggelassen, aber er habe immer über seine Zeit Rechenschaft abgelegt, freiwillig, aber abgelegt. Das wolle er nicht mehr.
Ich will kommen und gehen, wann ich will, sagte er.
Er hat sich von mir abgewendet wie von einem Tier, das man davonjagt, wenn es einem lästig wird, das man rauswirft, wenn man's grad nicht mag.
Ich mußte mich rächen.
Ich wollte ihm weh tun.

Du hast keine Rache an ihm genommen, du hast nicht ihm weh getan, du hast dir weh getan. Du hast wie ein Kind reagiert, nicht wie eine Frau. Barbara, die vielleicht 15 Jahre jünger als Marlene war, sagte das.
Das hat der Richter auch gesagt. Aber ich konnte nicht anders, ich mußte es tun.

An dem Morgen nach dem Anruf läßt Marlene das Frühstücksgeschirr stehen. Sie frühstückt immer noch einmal, gegen neun. Wenn sie den Kindern um 7 Uhr das Frühstück macht, trinkt sie nur einen Kaffee.
Sie macht nicht wie sonst um diese Zeit die Waschbecken und die Dusche sauber.
Räumt nicht auf und läßt den Staubsauger im Schrank. Sie nimmt ihre hellbraune Einkaufstasche und geht los. Ziellos.

Sie geht einfach die Fußgängerzone entlang und dann in ein Kaufhaus. Sie will nichts.
Sie geht nur so rum, von einem Einkaufstisch zum anderen.
Da sieht sie Knöpfe. Knöpfe für die Kopfkissen und Überschlagtücher. Immer mal fehlte ein Knopf. Sie nimmt ein Paket Knöpfe. Die Knöpfe sind in durchsichtigen Schächtelchen. Sie nimmt sie vom Haken und geht nicht zur Kasse. Sie steckt die Knöpfe in die hellbraune Einkaufstasche.

Sie braucht gar keine Knöpfe mehr an seinem Kopfkissenbezug anzunähen. Da, wo er jetzt schläft, wird er nicht schauen, ob die Knöpfe angenäht sind. Wird er nicht sagen, also du könntest ruhig mal hier und da ein Knopf annähen.
Marlene hat Angst, daß sie stehenbleiben wird und losheult. So geht sie rasch weiter. Nur nicht daran denken.
Da steht sie ausgerechnet in der Babyabteilung. Babyjäckchen, Strampelanzüge, weiße und blaue Strümpfchen. Sie greift zu.
Nimmt einen Stapel Strampelanzüge und steckt ihn in die Tasche. Und noch einmal greift sie in die Strümpfe hinein. Weiße, rote, blaue.
Sie packt alles in die Tasche und geht weiter.
Fährt später die Rolltreppe hinauf.
Sie weiß nicht mehr, wo sie überall herumgestreift ist. Sie weiß nicht, was sie in die Tasche gepackt hat. Sie geht, fährt die Rolltreppen auf und ab. Benutzt die Aufzüge. Als nichts mehr in die Tasche paßt, geht sie aus dem Kaufhaus.

Erst vor dem Metzgerladen wird ihr bewußt, daß sie eine vollbepackte Tasche trägt.
Sie will Schnitzel für die Kinder zum Mittagessen kaufen. Ein Stück blauer Strampelanzug hängt aus der Tasche heraus. Sie hat Angst. Wohin nur damit?
Sie muß das alles so schnell wie möglich loswerden. Nur weg damit.
Hier auf der Straße gibt es keine Möglichkeit, die Sachen wegzuwerfen. Sie schaut durch den Torbogen und sieht in einer Ecke die Mülltonnen stehen. Sie geht durch den Torbogen und kippt den Inhalt der Tasche in die Mülltonne.
Von da an streift sie wochenlang morgens durch die Stadt. Ihr Mann beleidigt sie.
Kommt heim, kommt nicht heim. Ist höhnisch. Aggressiv. Zieht schließlich aus und will sich scheiden lassen.
Marlene willigt nicht ein. Ein wochenlanger Kampf beginnt.
Marlene wird monatelang nicht beim Stehlen erwischt. Sie packt immer nur ein, ohne zu wissen, was sie in der Tasche hat. Nie ist etwas dabei, was sie brauchen könnte. Etwas, das sie den Kindern schenken könnte. Sie wirft alle Sachen weg.
Einmal hat sie der Schwester etwas gegeben für die Kinder. Aber auch das hat nicht gepaßt. Die Schwester hat die Pullis in die Ostzone geschickt.
Marlene packt gerade Schuheinlagen in die Tasche, sie registriert gar nicht, was sie da einsteckt, als der Kaufhausdetektiv ihr auf die Schulter klopft und sie bittet, unauffällig mitzukommen.
Marlene, die Diebin, ist geschnappt worden.

Aber auch alles, was jetzt weiter geschieht, geschieht einem Menschen, Marlene, der keine Beziehung zu dem hat, was an Realität passiert. Sie begreift nicht recht, was der Rechtsanwalt für sie heraushandelt.
So muß sie ein Jahr lang in therapeutische Behandlung gehen, denn sie ist kein krimineller Fall.
Sie geht auch zweimal in der Woche in therapeutische Behandlung, und sie verschweigt den Kindern, der Schwester, dem Ehemann, der wieder öfter daheim auftaucht, was geschehen ist.
Sie sagt, sie geht in einen Kurs in Ikebana, sie geht in einen Fotokurs. Sie lernt chinesisch kochen. Die Kinder finden dufte, daß Marlene nun so viele Interessen hat.
Marlene gewöhnt sich an die therapeutischen Sitzungen, und sie vergißt so nach und nach, was sie getan hat.
Sie hat Bewährung bekommen.
Der Ehemann kommt reumütig zurück.
Für einige Wochen ist alles scheinbar wieder wie früher, aber das stimmt nicht. Der Ehemann hält es nicht aus und verschwindet wieder zur anderen.
Da dreht Marlene erneut durch. Stiehlt alles Erdenkliche. Wird wieder ertappt und wird verurteilt.
Nun muß sie in den Knast.
Noch weiß niemand, was Marlene bevorsteht, und sie sagt es auch keinem Menschen.
Der Rechtsanwalt erklärt ihr, daß bald ein Brief ins Haus steht, und sie wird dann erfahren, wann sie die Haft antreten muß.
Das Wort Haftantritt und die Tatsache, daß ein Brief kommen wird, der diesen Termin ankündigt, unab-

wendbar, bestimmen nun Marlenes Leben. Auf abenteuerlichste Weise bringt sie es fertig, vier Jahre lang diesen Haftantritt hinauszuschieben, es waren vier Jahre, geprägt von täglicher Angst.

Die Angst, sagte Marlene nun, immer diese Angst. Von neun bis zehn Uhr morgens war es am schlimmsten. Ich wartete, daß es zehn Uhr wurde und der Briefträger kam. Mir war schlecht. Ich rannte auf die Toilette.
Wann kam der Brief, hatte er den Brief dabei? Ich war so unruhig, daß unser Spaniel mit der Zeit, wenn er den Briefträger von weitem sah, hysterisch kläffte. War er da gewesen, wurde ich ruhiger. Ich beschäftigte mich. Backte, kochte besonders gut, putzte Fenster. Ich habe noch nie so oft meine Fenster geputzt wie in dieser Zeit des Wartens.
Natürlich hatte er den Brief eines Tages dabei.
Ich setzte mich auf die Couch im Wohnzimmer und konnte ihn erst gar nicht öffnen. Ich habe gezittert. Ich konnte nicht richtig lesen.
Aber da stand es: Haftantritt am 2. Februar.
Ich habe den Brief hingelegt.
Auf dem Sessel lag der braune Pullover für Rolf, den Zwölfjährigen. Ich fing einfach an zu stricken.
Was würden die Kinder sagen, wenn ihre Mutter ins Gefängnis mußte? Es war nicht auszudenken. Wie sollten sie ohne mich zurechtkommen. Rolf war gerade nicht besonders gut in der Schule. Jemand mußte seine Vokabeln abhören, seine Hefte nachsehen.
Ich bekam Bauchschmerzen. Mir war schlecht.
Bauchschmerzen?

Wie war das eigentlich, wenn man krank war? Konnte eine Kranke am 2. Februar in die Haft gehen? Nein, das konnte sie nicht! Ich hatte eine Idee. Beim Mittagessen war mir klar, ich würde ins Krankenhaus gehen. Ich sagte den Kindern, ich würde endlich die Operation an der Gebärmutter machen lassen. Der Älteste wunderte sich, daß ich so lustig war und gar nicht ängstlich. Aber so wichtig war die Tatsache für sie alle nicht. Der Älteste sagte, er würde das Kommando übernehmen, daraufhin stritten sie sich, und ich meldete mich beim Arzt an.

Marlene holte sich ihr Stück Kuchen.

Wirkte abgelenkt.

Hör es dir an, sagte Barbara. Das alles fiel ausgerechnet einem Menschen wic Marlene ein.

Ich wurde operiert und bekam Haftaufschub. Aber eines Tages wurde ich wieder entlassen, und alles begann von neuem. Der Briefträger kam. Die schreckliche Stunde bis zehn Uhr morgens. Noch wußte niemand, was mir bevorstand. Ich schämte mich so.

Der Rechtsanwalt sprach von einem Gnadengesuch und versuchte, mich zu beruhigen.

Ich saß vor seinem Schreibtisch und merkte, daß mein linkes Bein eingeschlafen war. Ich rieb es und dachte: Krampfadern. Das war es.

Ich ließ die Krampfadern operieren.

Wieder gab es Haftaufschub.

Und so ging das weiter. Ich las im Doktorbuch nach, als ich wieder aus dem Krankenhaus entlassen war und las alles über Blinddarmentzündung. Ich schaffte es, daß man mir den Blinddarm entfernte.

Danach kamen die Mandeln dran.
Ich, sagte Marlene, hätte mir alles herausoperieren lassen, alles, wenn ich es geschafft hätte, nicht eingesperrt zu werden. Aber es gab nichts mehr zu operieren.
Vier Jahre lang habe ich den Tag X hinausgeschoben, und dann stand ich doch mit meinem Koffer an der Pforte vorm Gefängnis in Preungesheim.
Mein Mann hat mich abgeliefert. Das war auch kein Trost. Vier Jahre Aufschub habe ich geschafft. Und jetzt?
Fang nur nicht an zu weinen, sagte Silvie, du bist verhältnismäßig gut dran. Paß mal auf, bei dir geht ein Gnadengesuch durch.
Bist du sicher, sagte Marlene? Nicht wahr, du bist ganz sicher!
Wäre es nicht leichter gewesen, gleich am 2. Februar in Haft zu gehen?
Nein, antwortete Marlene, ich hätte lieber Schlaftabletten geschluckt. Ich hatte genug gesammelt, aber ich konnte sie wegen der Buben nicht schlucken. Und wegen der Buben konnte ich nicht in Haft gehen.
Und, ich fand es ungerecht. Ich dachte immer, ihn müßten sie an meiner Stelle inhaftieren.
Aber er ist draußen, und sein schlechtes Gewissen bringt mich auch nicht hier raus.

Ich konnte mir nicht vorstellen, wie man mit einer solchen Angst vier Jahre lang leben konnte.
Ich habe alles falsch gemacht. Ich war naiv, sagte Marlene, ihr alle kommt mir erwachsen vor, selbst Ina. Ich habe mich eingeigelt in meinem Hausfrauenleben, mit

meinen Kindern, nichts anderes hat mich interessiert. Ich bin von seinem Ehebruch so überrascht worden, ich war so gekränkt und verletzt. Ich habe das nicht verkraftet. Vielleicht hätte ich . . .? Vielleicht?

Dieses Vielleicht blieb in der Luft hängen. Was blieb, war die Fassungslosigkeit, daß es Marlene erwischt hatte. Daß sie eingesperrt war. Die Fassungslosigkeit, daß sie, die sich für eine gute Mutter und Ehefrau hielt, immer für andere da, nun hinter vergitterten Fenstern saß, abends in eine Zelle eingeschlossen wurde, daß sie eine gefangene Frau war.

Rita schob Marlene wieder den Kuchen hin. Sie nahm ihn in die Hand, aber sie konnte nichts essen.

Barbara schaute auf die Uhr. Es wird schon wieder Zeit für uns. In 15 Minuten ist Einschluß. Du weißt schon.

Alle standen rasch auf. Astrid nahm den Kuchen. Ich half, die Stühle um den Tisch geradezurücken. Wir gingen hinaus, und Barbara schloß ab.

Olga schrie nach der Aufsicht.

Nach einer Zeit kam eine Schließerin.

Sie sagte mir, ich lasse erst alle auf ihre Zellen.

Barbara umarmte mich. Sie ging wieder, ohne sich umzusehen.

Ich wartete, Astrid und Ina warteten ebenfalls. Sie standen gerade da, wo der Speiseplan ausgehängt war. Es liest sich ganz gut, aber wenn du es essen sollst, sagte Ina. Diese Soßen, dieser Matsch, der durcheinander schwimmt. Ich dachte an die Gurkenstückchen.

Ich bekomme es nicht runter, sagte Ina.

Astrid las vor.

An Brot ist täglich zu verabreichen für weibliche Gefangene:
Gewöhnliche Brotmenge für weibliche Gefangene . . . g
An Tagen mit kalter Abendkost für weibliche Gefangene . . . g
Bei Beschränkung der Kost auf Wasser und Brot für weibliche Gefangene . . . g
Das gab es also doch: Wasser und Brot.
Mal sehen, was es zu meiner Henkersmahlzeit gibt, sagte Astrid.

Sonntag:	Siehe Gesundenkost:
Morgens:	1 Ei Weißbrot, Marg. Marmelade
Mittags:	Putenschnitzel, Bohnengemüse Kartoffeln und Eis
Abends:	Fleischsalat, Graubrot, Marg.

Und morgen, wenn ich nicht mehr bei euch bin?

Montag:	Siehe Gesundenkost:
Morgens:	Graubrot, Marg., Joghurt
Mittags:	Herzragout mit Reis, Salat und Obst
Abends:	Dosenfisch, Graubrot, Marg.

Ina wurde geholt.
Astrid ebenfalls. Sie legte den Arm um meine Schultern. Ich werde anrufen, wenn ich draußen bin und anrufen darf. Du wirst mich besuchen, sagte ich, wenn du draußen bist.

Ade denn, sagte Astrid. Ob ich Arbeit bekomme? Stell dir vor, ich finde keine Arbeit. Halt mir die Daumen, bitte!
Sie mußte gehen.
Mir wurde wieder aufgeschlossen. Ich war draußen.

Ich hatte alles besorgt, was wir für die Glasmalerei in Preungesheim brauchten. Wir wollten an einigen Nachmittagen praktisch arbeiten. Vor allem wollten wir viel miteinander reden.
Ich freute mich auf die Begegnung mit den Frauen.
Gegen zehn Uhr rief Frau B. an. Kommen Sie heute nachmittag nicht, es wird Schwierigkeiten beim Einlaß an der Pforte geben. Die Stimmung ist gereizt, es gab einigen Ärger.
Das war das andere Preungesheim, nicht so friedlich wie die Zusammenkünfte mit den Frauen bisher. Sicher waren die Probleme an diesem Tag nicht so groß wie die in B., von denen Melanie erzählt hatte, aber Probleme gab es.
Hannelore von der Jugendstation, das Mädchen mit den schwarzen Haaren, das damals in Begleitung der beiden Freundinnen den Auftritt in der Bibliothek hatte, war schuld an der Unruhe.
Sie hatte sich am Abend gewehrt, eingeschlossen zu werden. Sie hatte sich einfach zwischen Zelle und Gang gelegt und war nicht mehr aufgestanden.
Die Schließerin hatte zunächst versucht, sie an den Armen in die Zelle zu ziehen. Dann umgekehrt an den Füßen. Als sie kurz losließ, trat ihr das Mädchen mit aller Wucht ans Schienbein. Ohne zu überlegen, hatte

die Schließerin in ihrer Wut mit dem Schlüsselbund ausgeholt und hatte zugeschlagen.
Hannelore hatte danach eine Platzwunde an der Stirn. Mit Gewalt wurde sie von drei Schließerinnen in ihre Zelle geschafft und eingeschlossen.
Schlimm ist, sagte Frau B., daß die Schließerin nun einige Tage nicht kommen wird. Sie ist krankgeschrieben. Und wir haben noch weniger Personal, die anderen Frauen werden noch nervöser, weil sie die Arbeit dieser Schließerin mitmachen müssen.
Hannelore ist eines von den Mädchen auf der Jugendstation, die anderen ständig drohen, Prügel ankündigen, aber kaum etwas tun. Im Grunde bleibt es bei den Drohungen, hatte Ina gesagt.
Hannelore hatte auf dem Trakt eine Clique von Freundinnen hinter sich, alles Mädchen, die aus der Drogenszene kamen. Ina hatte sich von diesem Kreis möglichst ferngehalten, da die Gespräche dieser Mädchen sich ausschließlich um Dop drehten.
Hannelore hatte Ina zunächst auch gedroht, sie aber doch in Ruhe gelassen. Sie kümmerten sich nach einiger Zeit nicht mehr um sie.
Aus Protest, daß Hannelore Einschluß hatte für zwei Tage, trommelten in der Nacht nach Hannelores Fußtritt, die Mädchen an die Zellentüren. Das machte nun wieder alle anderen Frauen verrückt.
Das Klopfen hörte man in jeder Zelle des Gebäudes.
Niemand kam zur Ruhe in dieser Nacht.
Schließlich wurden die anderen Jugendlichen auch mit zwei Tagen Einschluß bestraft. Sie durften ebenfalls Tag und Nacht nicht ihre Zelle verlassen, aber das nahmen sie hin.

Was würde Barbara sagen und die anderen Frauen, daß nun ihr Kurs ausfiel, sie, die auch noch eine schlaflose Nacht gehabt hatten. Alle hatten sich auf das Malen gefreut.
U. bewunderte mein Durchhaltevermögen. Er spöttelte wie immer. Sei froh, daß du heute einmal nicht dorthin mußt. Er war bei mir vorbeigekommen, um mich zum Essen einzuladen.
Was bedeutet dieser U. dir, hatte Barbara gefragt.
Er ist ein Freund, ein schwieriger allerdings. Ich kann ihn immer anrufen, wenn ich Probleme habe, aber ich bin meist anderer Ansicht als er. Manchmal bin ich verliebt in ihn, das ist das Absurde.
Ich zeigte U. eine Zeichnung Barbaras. Sie hatte zwei große Mohnblüten von rechts oben verlaufend auf ein Blatt gemalt und es mir geschenkt.
Jetzt lag es auf dem Bücherregal und verstaubte.
U. hielt die Zeichnung für einen Moment ins Licht. Sie hat Talent.
Olga hatte an einem der Nachmittage einen Pfau gezeichnet. Sie hatte zum ersten Mal in ihrem Leben überhaupt gezeichnet. Am meisten freute sie, daß der Pfau auch wie ein Pfau aussah.
Langsam wird es zur Gewohnheit, in den Knast zu fahren, sagte ich.
Aber das stimmte nicht. Ich fürchtete mich immer noch vor dem Gefängnis und brauchte jedesmal einige Zeit, bis ich das alles verdaut hatte.
Ich bin immer wieder froh, wenn ich draußen bin.
U. nickte.
Ich kannte nun die Frauen besser und die Frauen mich.
Ich hatte von mir, dem Kind und von Kathie erzählt.

Meiner geplanten Ausstellung in Venedig, hatte Fotos von der Christusfigur mitgebracht. Die Entwicklung einer solchen Arbeit hatte die Frauen interessiert. So nahmen sie am Rande auch an meinem Leben teil.
Ich war jemand, der ihnen keinen Vorteil verschaffen konnte, eine Frau, der sie keine Rechenschaft ablegen mußten, ich war jemand, der von außen kam. Das war eine Basis, auf der sich unsere Freundschaft entwickelte.

Der Kreis war nach und nach zusammengeschrumpft. Es kamen Neulinge dazu. Astrid war nicht mehr da. Sie hatte Arbeit bekommen und fühlte sich wohl in der Wohngemeinschaft. Sie schickte von Zeit zu Zeit eine Karte.
Marlenes Gnadengesuch war durchgegangen. Von ihr hatten die Frauen nichts mehr gehört.
Das Merkwürdigste war mit Rita geschehen. Ich hatte sie einen Tag vor ihrer Verhandlung getroffen. Wir wollten an diesem Tag über Chagall sprechen.
Sie lehnte es ab, zum Kurs zu kommen. Sie sei zu nervös. Sie hatte sich nicht aufschließen lassen und blieb hinter dem Gitter ihres Trakts.
Ich redete mit ihr durch das Gitter.

Ich putze meine Zelle heute schon zum vierten Mal, hatte sie gesagt. So sauber war sie noch nie. Aber ich putze sie sicher noch einmal, ich muß mich einfach bewegen. Ich kann nicht stillstehen.
Rita knöpfte den obersten Knopf ihres Kittels auf und zu.
Morgen weiß ich, wie viele Jahre ich bekomme. Ich bin froh, wenn die Untersuchungshaft vorbei ist, denn sie

war die Hölle. Immer die Überlegung, mit wieviel Jahren mußt du rechnen? Die Hoffnung, kommst du vielleicht frei.
Und nun, morgen bekomme ich die Quittung für alles, was ich gemacht habe.
Aber dann sind endlich diese vielen Monate des Wartens vorbei.
Kein Wunder, daß ich aufgegangen bin wie ein Hefekuchen.
Hoffentlich rasen sie morgen nicht so verrückt mit mir über die Autobahn ins Gericht, sagte sie noch. Die jungen Polizisten versuchen, aus den Autos rauszuholen, was sie nur können. Es macht ihnen einfach Spaß.
Das letzte Mal ist etwas sehr Komisches passiert, als sie mich ins Gericht brachten. Du kennst das Gerichtsgebäude in D.? Es gibt zwei Aufzüge nebeneinander mit zwei schmalen Türen. Gerade groß genug für ein bis zwei Personen. Wir mußten in den vierten Stock fahren.
Ich stehe also mit den Knaben vor der Tür, der Aufzug kommt, ich steige schnell ein. Aber die Türen sind so schmal, daß der andere Polizist hinter mir nicht mit reingeschlüpft ist, er hat nicht schnell genug reagiert. Der andere Beamte wollte wohl mit dem zweiten Aufzug hochfahren. Sie hatten mir die Handschellen gerade abgenommen. Auch so eine Sache, wenn du in Handschellen auf der Straße gehen mußt. Das geht in den Magen, sage ich dir.
Nun, ich fuhr hoch und marschierte in das Büro meines Richters. Stelle dir die armen Beamten vor. Der eine fuhr hoch, der andere fuhr hoch. Oben auf dem Gang keine Rita. Der eine raste die Treppe runter. Der

andere fuhr im Aufzug. Du kannst von unten das gesamte Gebäude und die Stockwerke überblicken.
Ich war nicht zu sehen.
Sie rannten auf die Straße und suchten mich.
Ich kann mir vorstellen, wie sie überlegten, daß es jetzt mit ihrer Karriere aus sei. Zwei junge Polizeibeamte, die eine Gefangene zu einem Termin bringen sollten und denen die Gefangene entlaufen ist.
Sie kamen nach einer viertel Stunde ganz aufgelöst im Zimmer des Richters an.
Und da saß ich.
Auf der Rückfahrt haben sie mir an der Raststätte eine Cola spendiert. So erleichtert waren sie. Sie haben sich immer wieder bei mir bedankt. Dabei habe ich nicht einen Moment daran gedacht wegzulaufen.
Ich hatte Rita gefragt, ob ich zur Verhandlung kommen sollte, aber sie lehnte ab. U. verstand das.

Rita bekam vier Jahre Haft. Ich hatte sie nach der Urteilsverkündung nicht mehr gesehen.
Barbara und alle anderen wollten nicht, daß sie künftig am Kurs teilnahm. Sie waren der Auffassung, Rita lüge. Sie sei nicht aufrichtig. Unter uns geht das nicht, hatte Barbara gesagt.
Silvie hatte gemeint, Rita gibt mit ihrem Geld an.
Gertie, die ein Jahr Haft bekommen hat, bringt ihr jetzt schon das Waschwasser auf die Zelle. Sie fängt an, die anderen zu beherrschen, nur weil sie Geld hat.
Es kann auch Neid sein, sagte U.
Ich dachte, es war ein Gefühl der Zusammengehörigkeit der Frauen. Es war eine Frage des Vertrauens zueinander.
Darüber sollte man nachdenken, hatte U. gesagt.

Der Kater lief unruhig hinter mir her. Lief zur Wohnungstür, miaute leise.
Ich sagte zu ihm: Ich habe jetzt keine Zeit.
Er setzte sich vor mich hin und sah mich fest an.
Ich gab nach. Band ihm das schwarz-samtene Halsband um, sagte, du hast gewonnen, und ging mit ihm ins Freie. Es war gegen elf.
Die Zeitung lag noch vor der Tür des alten Herrn. Er schlief also noch.
In Kathies Wohnung rührte sich nichts. Ich hatte immer ein ungutes Gefühl, wenn es so still war in der Wohnung. Ich blieb einen Moment stehen, doch der Kater drängte nach draußen.
Ich bog rechts ab, an dem Küchenfenster von Kathies Wohnung vorbei zum Rasen vor dem Haus hin. Der Rolladen am Badezimmerfenster, an der Küche, auch am Kinderzimmerfenster war heruntergelassen. Die Vorderfront der Wohnung konnte ich noch nicht sehen.
Wie lange dauerte nun schon dieser Versuch, Kathie zu helfen?
Sie davon zu überzeugen, endlich eine Therapie zu machen? Ich hatte ihr von den Frauen in P. erzählt, sie gewarnt. Aber oft war es, als hörte Kathie zwar das alles, aber begreife doch nicht, um was es wirklich ging.
Vor einem Monat hatte ich Kathie mit unendlicher Mühe und Geduld so weit gebracht, daß sie mit mir in ein Krankenhaus fuhr, um in der Psychiatrischen Abteilung dort zu entziehen.
Mehr als eine Stunde lang hatte ich, als ich es endlich fertiggebracht hatte, daß Kathie sich zu mir ins Auto setzte und mitfuhr, mit ihr in einem langen Flur vor dem Aufnahmezimmer der Klinik gewartet.

Als ich schon selbst die Geduld verlor, wurden wir zu einem anderen Gebäudetrakt geschickt.
Als wir über den Hof gingen, hin zu dem anderen Krankenhausgebäude, wollte Kathie umdrehen und gehen.
Sie hatte Angst.
Ich zog sie einfach mit.
Mit viel Geduld brachte ich sie auch die vielen Stufen bis zum zweiten Stock des Gebäudes hinauf. Vor der Tür der psychiatrischen Abteilung versuchte sie davonzulaufen.
Ich hielt sie fest.
Eine Krankenschwester öffnete und schloß die Tür hinter uns ab.
Wir werden eingeschlossen, sagte Kathie. Es ist nicht so harmlos, wie du denkst.
Sie klammerte sich an mich.
Ich war froh, als endlich der diensthabende Arzt kam, um Kathie in Empfang zu nehmen. Kathie nahm mir das Versprechen ab, noch auf sie zu warten. Zu warten, bis sie wiederkam nach der Besprechung mit dem Arzt.
Ich versprach es.
Wieder saß ich mehr als eine Stunde auf einer Bank in einem Flur. Ich dachte, daß mein Sohn allein war. Sicher nicht selbständig ins Bett ging. Noch nichts gegessen hatte und am anderen Tag eine Deutscharbeit schreiben würde.
Kathies Sohn war bei Mimi, aber nur für eine Stunde, hatte sie gebeten.
Aus einem der Zimmer kam eine ältere Frau. Sie setzte sich neben mich. Ihre weißen Haare waren zu einem

Knoten im Nacken gebunden. Sie plapperte wie ein kleines Mädchen.
Sie streichelte mein Haar. Ich verstand nicht, was sie sagte.
Die alte Frau zog aus der Tasche ihres Rockes einen Bleistiftstummel heraus und drückte ihn mir in die Hand.
Schenken, sagte sie. Bitte.
Eine Schwester kam, nahm die Frau am Ellenbogen und redete freundlich mit ihr. Wir gehen jetzt schlafen.
Die Frau beugte sich noch einmal zu mir runter und faßte mir sanft ins Haar. Dann ging sie willig mit.
Wir gehen schlafen? Warum sagen sie wir und meinen du?
Kathie kam aus dem Zimmer des Arztes. Sie sah weniger ängstlich aus.
Der Arzt ging sofort auf mich zu. Stimmt es, daß Kathie eine Waise ist? Und Sie sind ihre Schwester? Können Sie mir sagen, wo sie geboren wurde, sie weiß es nicht.
Kathie grinste vielsagend.
Sie hatte also wieder ihre Schau abgezogen.
Kathie sprach nun auch ihr eigenes Französisch. Laß mich nicht hier, bettelte sie.
Der Arzt sagte, gehen Sie jetzt und sorgen Sie dafür, daß ihre Angehörigen sich melden.
Das wird ein Problem werden, aber ich will es versuchen.
Kathie wurde in eines der Zimmer geführt. Und ich ließ mir schnell die Tür aufschließen und ging.

Die Kinder besuchten Kathie einige Tage später.
Sie erzählten, Kathie habe in einem Aufenthaltsraum gesessen und geraucht. Eine Zigarette nach der anderen. Kaum zum Aushalten, die Luft in dem Raum.
Mein Sohn meinte, da drin, das wird nichts mit ihr. Sie langweilen sich alle. Sie sitzen nur so rum. Sie rauchen. Sie tun gar nichts.
Christian hat ihr Zigaretten gebracht.
Kathie will nicht bleiben, und sie können sie nicht zwingen zu bleiben. Sie ist sicher bald wieder da.
Ich überlegte, daß das, was die Kinder mit Kathie erlebten, deutlicher als alle Aufklärungsschriften zeigte, wohin die Sucht führte.
Schon Tage später kam Kathie zurück. Sie hatte sich vorzeitig entlassen lassen. Sie kam wie immer barfuß, in einem leichten Kleidchen angetänzelt.
Ein zerrissenes Lächeln im Gesicht.
Sie wollte nicht bleiben, und die Ärzte konnten sie nicht dazu zwingen. Es war zu früh, sagte ich, du hättest es aushalten sollen dort. Es gab gar nichts zu tun, sagte Kathie. Und ich habe ja entzogen.

Ich ging weiter um das Haus. Der Kater weit vor mir. Er blieb nur für Augenblicke stehen, um Gras zu fressen.
Auch an der Vorderfront der Wohnung waren die Rolläden heruntergelassen. Nur an der Balkontür nicht, da klemmte der Rolladen. So kam wenigstens durch diese Tür noch Licht in die Wohnung.
Der Kater beschnüffelte den Plastiksessel, den niemand auf den Müll warf.

Ich blieb stehen und sah nach der Balkontür.
Ich entdeckte das Kind. Der Junge stand hinter den grau verschmutzten Scheiben hinter einem Vorhang.
Er sagte etwas.
Ich konnte nicht verstehen, was er sagte.
Er freute sich, mich zu sehen.
Ich rief seinen Namen. Ich sagte, öffne die Balkontür.
Das Kind verstand mich und kam näher zur Tür. Versuchte, die Tür zu öffnen, es gelang ihm nicht.
Er sah mich an und blickte zurück ins Zimmer. Sah wieder zu mir hin, wieder ins Zimmer, als wolle er mir etwas damit sagen.
Ich lief ums Haus, den Kater hinter mir herziehend.
Ich klingelte bei Kathie. Die Klingel war abgestellt.
Ich klopfte, immer heftiger. Dann überlegte ich, daß dieses Klopfen den Jungen erschrecken müsse.
Ich rief ihn.
Er kam von innen an die Tür. Die Türklinke ging langsam herunter, aber er konnte die Tür nicht öffnen, es war abgeschlossen.
Warte, sagte ich, ich komme zurück.
Ich brachte den Kater nach oben und rannte wieder ums Haus.
Etwas stimmte nicht.
Wieder stand der Junge hinter der Balkontür. Blieb stehen, wo er war.
Ich versuchte, auf den Balkon zu klettern, und mußte an das Mädchen denken, das einmal so früh am Morgen es ebenfalls versucht hatte. Schließlich zerrte ich den Plastiksessel näher an das Balkongitter und konnte nun darüber klettern.

Ich entdeckte Kathie. Sie lag bewegungslos in einem Sessel. Die Beine weit von sich gestreckt, die Arme hingen lose herab.
Die Balkontür ließ sich nicht von außen öffnen. Ich kniete mich hin und sprach mit dem Kind: Ich komme gleich.
Der Junge legte den Zeigefinger auf den Mund, sah nach Kathie. Psst!
Ich rief den Notarzt an und den Kinderschutzbund. Ich erklärte, worum es ging und daß ich nicht in die Wohnung kam.
Wenig später kam ein Polizeiwagen mit Sirene, ein Feuerwehrwagen mit Sirene und ein Notarztwagen mit Sirene.
Das ganze Viertel würde nun wissen, daß wieder einmal etwas mit Kathie los war.
Ich wußte, wenn sie wach würde, würde sie sich schämen. Alles würde noch schwerer werden für sie.
Im Nu standen acht Männer vor der Wohnungstür. Ein Arzt, die Sanitäter, die Polizisten, die Feuerwehrleute.
Einer der Feuerwehrleute rammte mit der Schulter gegen die Tür. Das schon geflickte Glas zersprang, und die Scherben fielen nach innen. Ein Stück der Tür splitterte ab.
Er holte erneut Schwung und stieß gegen die Tür. Halt, da drinnen ist ein dreijähriges Kind, es erschrickt zu Tode.
Sie öffneten die Tür nun mit einem Dietrich.
Der Junge stand immer noch an der Balkontür und sah mich nur an. Er bewegte sich überhaupt nicht.
Ich nahm ihn an der Hand.

Die Männer rannten zu Kathie. Der Arzt untersuchte sie. Die leere Packung mit den Schlaftabletten lag unter dem Sessel, es stand auch eine leere Flasche Rum da. Sie kommt davon? Der Arzt nickte nur, gab aber keine weitere Auskunft. Die Sanitäter legten Kathie auf eine Bahre. Deckten sie zu und schnallten sie fest.

Als sie sie die Treppe hinuntertrugen, kippten sie die Bahre etwas nach unten. Es sah aus, als trügen sie eine Tote aus dem Haus.

Ich ließ die Hand des Kindes los und ging rasch die wenigen Stufen hinunter, bevor sie Kathie aus dem Haus trugen. Ich nahm ihre Hand. Kathie versuchte, die Augen zu öffnen. Sie sagte etwas, das nach dem Wort Stefan klang. Ich sagte, dem Kind wird es gutgehen. Werde gesund.

Aber ich wußte nicht, ob Kathie das gehört und aufgenommen hatte.

Draußen drängten sich die Nachbarn, Fremde, die Kinder, um den Sanitätswagen. Mimi stand auch unter den Leuten. Ich bat sie, mit zu mir zu kommen.

Die Kinder kamen zu mir. Ich sagte ihnen, daß Kathie wieder gesund würde. Ich sah, wie froh sie waren. Alle hatten Angst gehabt.

Mimi rief von meiner Wohnung aus Kathies Vater an. Er und seine Frau weigerten sich, das Kind zu nehmen. Er redete schnell. Sagte, daß er am Tag zuvor bei Kathie gewesen sei. Es sei gewesen, wie er vermutet habe, Kathie tauge nun mal nichts. Er sei sehr enttäuscht gegangen.

In meiner Wohnung saßen wenig später zwei Damen vom Kinderschutzbund. Mimi und der Junge spielten Fang. Nanne kam auch.

Sie holte für das Kind Höschen, Hemdchen, Hosen und Pullover.
Kathies Sohn würde zunächst zu einer Gastfamilie aufs Land kommen. Da bekommt er endlich einmal regelmäßig zu essen und frische Luft, sagte Mimi bissig.
Das Kind ließ sich frische Kleider anziehen, war zu allen freundlich und zutraulich, Nanne, die er am besten kannte, kam noch mit zur neuen Gastfamilie.
Mimi und Nanne erkundigten sich fast täglich nach Stefan und informierten mich. Stefan ging es prächtig. Er hatte plötzlich vier Geschwister. Sprach nun endlich ganze Sätze und fing an, sauber zu werden.

Kathie kam wieder.
Sie war stiller und sehr scheu. Sie huschte nur noch durchs Treppenhaus, ließ sich möglichst nicht sehen.
Aber sie kämpfte darum, daß Stefan wieder zu ihr kam. Sie erreichte es auch, zum Ärger aller Mieter. Sie hätten es vernünftiger gefunden, Stefan zu lassen, wo er war.
Kathie kam nun auch nicht mehr zu mir. Versuchte, sich auch vor mir zu verstecken. Aber wir trafen uns eben doch im Haus. Kathie sagte, sie ginge regelmäßig zur Drogenberatung.
Wann gehst du in Therapie, sagte ich.
Ich gehe schon irgendwann, sagte Kathie.

Ich kam verschwitzt im Gefängnis an. Auch drinnen war es nicht gerade kühl. Alle Fenster waren geöffnet. Draußen auf dem Rasen vor der Bibliothek lagerten einige Mädchen. Sie sonnten sich und waren fröhlich.

Ein ungewohnter Anblick in P.
Sie saßen da, und der Kastanienbaum gab Schatten.
Melanie stand mit dem Rücken zu mir am Fenster.
An einem Fenster im Trakt über der Bibliothek stand ein Mädchen weit nach außen gebeugt und schrie einen Männernamen rüber zum Männergefängnis. Aber drüben erschien niemand am Fenster. Das Mädchen rief bestimmt fünf Minuten lang.
Melanie drehte sich jetzt zu mir um. Sie sah blaß aus.
Ich bin die erste.
Melanie setzte sich. Ich setzte mich neben sie. Melanie schien bedrückt.
Ich wartete, daß sie etwas sagen würde.
Melanie sagte, ich war in der Klapse. Ich hatte abgeschaltet. Keine Ahnung warum. Ich war weggetreten, stand neben mir.
Melanie faßte sich an die aufgetürmten blonden Haare, steckte den Kamm etwas fester und malte Kreise auf die Tischplatte.
Zuerst habe ich einige Tage auf der Krankenstation in P. gelegen. Ich hatte mich nicht gut gefühlt. Dort ist es passiert.
Ich war nicht mehr ich. Ich kann das Gefühl von damals nicht genau erklären. Vielleicht habe ich auch gar nichts mehr gefühlt.
Sie haben mich jedenfalls von der Krankenstation weg in die Psychiatrische Abteilung nach H. gebracht. Sie haben nicht mich weggebracht. Sie haben eine Puppe mit dem Namen Melanie weggebracht.
Sie haben der Puppe die Kleider angezogen. Sie haben die Puppe abtransportiert. An mir ist alles vorbeigerollt. Ein Film und doch kein Film.

An die Ankunft in der Klinik habe ich vage Erinnerungen. Ich habe vieles registriert. Ich habe gesehen, wie zwei Krankenschwestern miteinander redeten. Und ich habe sie auf mich zukommen sehen. Sie haben mich rechts und links geführt bis vor eine Tür, die offenstand. Dort blieben sie stehen, und eine zeigte in ein Zimmer mit vielen Betten.

Sie sagte, das ist ihr Zimmer.

Ich hörte deutlich „das ist ihr Zimmer". Aber dieser Satz hatte nichts mit mir zu tun. Er war nicht an mich gerichtet. Ich verstand nicht, daß ich gemeint war. Es war nicht ich, die sie führten, die die vielen Betten sah, mit der sie sprachen.

Ich konnte auf nichts reagieren. Alle Reaktionen waren mechanisch.

Im Gang waren viele Stühle an der Wand aufgestellt. Sie setzten mich auf einen Stuhl, nah der Tür des Schlafsaals.

Nach und nach kamen die anderen, Mädchen, Frauen, auch Männer, und setzten sich auf die Stühle, die im Gang standen.

Niemand sprach mich an. Ich glaube, sie redeten auch nicht miteinander. Sie saßen da, aufgereiht, abwartend.

Eine Tür am unteren Ende des Ganges ging auf, und eine Schwester schob einen Servierwagen den Gang entlang.

Sie blieb immer vor einem der Patienten stehen, das sah ich.

Ich nahm das wahr, ohne zu begreifen. Sie fuhr den Servierwagen an den wie betäubt sitzenden Menschen vorbei. Hielt an, und die Person vor ihr öffnete den

Mund. Sie schob dem Mädchen oder der Frau oder dem Mann eine Tablette in den Mund.
Sie schluckten.
Einer nach dem anderen öffnete den Mund und schluckte. Die Schwester kam immer näher.
Das Mädchen, das neben mir saß, streckte die Hand aus. Die Schwester legte die Tablette in die geöffnete Hand, und das Mädchen stopfte die Tablette in den Mund.
Ich streckte die Hand aus. Und die Schwester gab mir auch die Tablette. Die Schwester hob meinen Arm in die Höhe und wartete, daß ich die Tablette in den Mund steckte.
Ich steckte die Tablette in den Mund.
Und in dem Augenblick, als ich die Tablette im Mund fühlte, geschah es, ich war wieder bei mir. Ich war wieder in der Gegenwart.
Ich war wieder ich.
Die Schwester schob den Wagen weiter.
Als ich mich nicht mehr beobachtet fühlte, spuckte ich die Tablette in die Hand und steckte sie in die Hosentasche.
Nur nicht schlucken.
Nur nicht schlucken.
Wenn du das schluckst, kommst du nie mehr aus der Klapsmühle. Dann behalten sie dich. Du kannst ihnen nicht mehr beweisen, daß du wieder du selbst bist.
Ich bewegte die Arme, die Füße, bewegte mich. Ich registrierte wieder. Ich sah mich um. Die Schwester führte einen nach dem anderen in die Zimmer. Sie kam nun auch zu mir, aber ich ging nicht. Ich stand auf und ließ mich nicht in den Schlafsaal führen.

Die zweite Schwester kam und redete freundlich mit mir. Sie probierte, mich an den Ellenbogen zu fassen. Ich dachte, wenn du dich wehrst, halten sie dich für total verrückt. Ich ließ ihre Hand, wo sie war, und begann zu sprechen.
Ich sagte ihr, daß ich mich wieder wohl fühlte, daß der Schreck vorbei sei und daß ich unbedingt einen Arzt sprechen müßte. Er könne beurteilen, daß ich wieder zurück auf die Krankenstation gebracht werden könnte.
Es war nicht leicht, die Schwester zu überzeugen.
Ich gab nicht nach. Jetzt oder nie, das wußte ich, das war meine Chance.
Ich schaffte es. Und ich konnte den Arzt überzeugen.
Sie brachten mich nachts noch zurück auf die Krankenstation nach P.
Zum ersten Mal war ich froh, in ein Gefängnis gefahren zu werden.
Ich wußte nicht, was ich Melanie sagen sollte.

Die Tür ging auf, und Barbara kam herein. Sie sah ebenfalls abgekämpft aus. Ich komme aus dem Krankenhaus, sagte sie, sie haben meine Nase operiert. Ich bekam zuletzt kaum noch Luft, und ich hatte Herzschmerzen. Ich war in der Uniklinik in Frankfurt. Aber sie haben mich so schnell wie möglich entlassen. Ich denke mir, Frauen aus dem Knast behält man keinen Tag länger, als unbedingt notwendig.
Sie kann kaum noch den Knastalltag verkraften, sagte Melanie.
Die beiden Frauen standen nebeneinander, verstanden sich.

Sie machten einander Mut.
Man muß durchhalten, sagte Barbara, sonst geht man unter. Siehst du an Melanie. Wir sind so froh, daß sie wieder bei uns ist.
Barbara holte einige beschriebene Seiten aus ihrer Rocktasche. Im Krankenhaus habe ich das aufgeschrieben. Es hat mir gutgetan. Auf einmal wird mir vieles klarer. Ich sehe, wo es angefangen hat. Und sehe, wo es weitergehen kann, wenn ich entlassen werde. Es ist so schwer, über sich zu sprechen.
Alles entzieht sich, wenn man beginnt, darüber zu reden, sagte ich, und danke für die Blätter.
Deine Vorgeschichte ist nicht wichtig für mich. Wichtig ist, wie du hier bist, dein Verhältnis zu den anderen Frauen, und ich bin froh, dich kennengelernt zu haben.
Danke.
Lies es trotzdem, wenn du magst, sagte Barbara, und ich muß mich hinlegen. Melanie wollte das auch tun.
Willst du nicht nach Olga sehen, sagte Barbara an der Tür. Ina ist für drei Tage draußen, ihr Mann geht Ende der Woche tatsächlich in Therapie.
Ich sagte ja, macht's gut, ihr zwei Kranken, ich warte noch einen Moment, Olga kommt sicher.

Barbara hatte auf liniertes Papier mit großen, sehr akuraten Buchstaben geschrieben. Ich setzte mich ans Fenster der Bibliothek und las:
Ich wurde 1956 in einem kleinen Dorf in der Lüneburger Heide geboren. Meine Eltern kamen mit dem großen Flüchtlingsstrom aus Ostpreußen.

Ich war drei Jahre alt, als meine Schwester geboren wurde und ein Arzt meinen Wirbelsäulenschaden entdeckte und die Kieferverformung. Von diesem Moment an mußte ich jahrelang ins Krankenhaus gehen, damit ich behandelt wurde.

Vielleicht täusche ich mich, aber heute kommt es mir vor, als habe meine Mutter nach der Geburt der Schwester ihr Interesse an mir verloren. Sie zog meine Schwester vor.

Als ich neun war, zogen wir um, und ich mußte in eine neue Schule gehen. Mit den neuen Klassenkameraden freundete ich mich nicht an, ich bekam keinen Kontakt.

Die meiste freie Zeit ging mit den Behandlungen, nun in einem anderen Krankenhaus, drauf. Ich konnte nicht mit den Kindern draußen spielen. Ich saß meist in einer Ecke im Hof hinter dem Geräteschuppen und dachte mir Geschichten aus.

Ich war eine Prinzessin, eine Königin, ich konnte fliegen und durch die Wände gehen.

In der Schule wurde ich immer schlechter. Ich hatte meist die Hausaufgaben nicht gemacht. Das gab Ärger.

Ich sang gern.

Aber meine Mutter hielt sich die Ohren zu, wenn sie in der Nähe war. Du kannst die Stimme nicht halten, sagte sie.

Sie selbst konnte mehrere Instrumente spielen, sie hatte es sich selbst beigebracht.

Mein Traum war, Fotografin zu werden. Ich würde für eine große Illustrierte arbeiten, kam in der Welt rum, schoß sensationelle Fotos.

Aber mit 15 Jahren nahm mich niemand in die Lehre. Meine Mutter beschloß, du wirst Fotolaborantin. Nach zwei Jahren hatte ich meine Lehre abgeschlossen. Meine Mutter sagte, du hast Glück gehabt. Und nun fand ich selbst einen Portraitfotografen, der mich als Lehrling nahm. Ich lernte nicht viel bei ihm. Er hatte nebenbei ein kleines Fotogeschäft, und ich mußte Filme und Fotos verkaufen. Anfangs hat es trotzdem Spaß gemacht. Ärger gab es, als ich mir bei einem Großversand eine 6 x 6-Kamera bestellte. Die wollte ich und keine andere. Er wollte, daß ich die Kamera bei ihm kaufen sollte, teurer, aber in Ratenzahlungen. Ich tat es nicht. Und er warf mich fast raus. Wir lösten das Lehrverhältnis.

Die Sätze Barbaras klangen, als erzähle sie von einer anderen Frau. Als schriebe sie einen Schulaufsatz mit dem Thema: Das Leben der Barbara A. Ich betrachtete die gleichmäßig, schöne Schrift. Wo lagen die Ansätze für Barbaras Versagen?

Ich bekam wieder eine Lehrstelle. Dieses Mal bei einem Mode- und Werbeinstitut. Ich lernte viel, und ich war glücklich. Die Werbeaufnahmen machten wir abends in der Kunsthalle. Und in jeder freien Minute streifte ich durch die Halle und sah mir die Bilder an. Ich würde eine gute Fotografin werden. Meine Mutter interessierte sich wenig für meinen Beruf. Sie lernte mit meiner Schwester. Sie wird das Abitur spielend schaffen, sagte sie.

Da lernte ich Gerd kennen. Ich war gerade 18 geworden. Ich bestellte eine Illustrierte bei einer Gruppe Zeitungswerber; er war dabei. Aber sie ließen mich die Illustrierte nicht bestellen, sie meinten, ich solle mit ihnen losziehen.
Das tat ich auch. Zuerst an den freien Wochenenden, aber dann schwänzte ich so nach und nach bei der Lehrstelle. Ich schluckte wie Gerd und alle anderen Preludin, spülte es mit Cola runter, danach war ich unschlagbar im Reden.
Ich verdiente viel Geld und gab die Lehrstelle auf.
Ich brach meine Lehre ab und zog mit der Gruppe weiter. Doch Gerd und ich sonderten uns bald ab, da wir zu zweit besser arbeiten konnten.
Da passierte es.
Durch einen Zufall fielen mir eines Abends im Hotel seine Papiere in die Hände. Ich war gerade dabei gewesen, seine Hosen zu säubern und zu bügeln.
Seine Papiere waren falsch. Das war ein Schock. Ich bewunderte Gerd sehr, ich war viel jünger als er, und er hatte mich von Anfang an nicht wie ein kleines Mädchen behandelt. Er war mein erster Freund. Ich hing sehr an ihm. Und jetzt hielt ich die falschen Papiere in der Hand. Er hatte mich belogen, war gar nicht der Mann, für den ich ihn hielt, ich lief aus dem Haus. Nur weg von ihm.
Er fuhr mir nach und befahl mir einzusteigen. Wir fuhren viele Kilometer und stritten uns. Ich stieg wütend aus, und er fuhr allein zurück. Ich lief in dieser Nacht viele Kilometer zum Hotel zurück.
Er saß in der Hotelhalle. Er hatte auf mich gewartet. Und er bat mich, ihn doch nicht zu verlassen.

Er erzählte, warum er mit falschen Papieren lebte.
Gerd war mit 16 Jahren zum ersten Mal erwischt worden, als er ohne Führerschein ein Auto fuhr. Das zweite Mal erwischten sie ihn mit 17. Er bekam eine Sperre und durfte in den nächsten Jahren keinen Führerschein machen.
Das war eine harte Strafe.
Er fuhr leidenschaftlich gern. Er fuhr wieder ohne Führerschein und wurde wieder erwischt.
Er bekam drei Monate Haft. Doch er trat die Haft nicht an, sondern besorgte sich falsche Papiere und tauchte unter. Das war's also.
Dort in der Hotelhalle, früh am Morgen, versprach er mir, sich zu stellen und die Haft anzutreten. Er wollte wieder mit richtigen Papieren leben, und er wollte es auch mir zuliebe. Und er bat mich, ihm dabei zu helfen.

Ich konnte mir vorstellen, wie Barbara mit Gerd geredet hatte. Und wie sie nicht nein sagen konnte, wenn jemand sie um Hilfe bat.

Wir hatten uns inzwischen ein Appartement gesucht und verkauften immer noch unsere Zeitschriften. Und ich war schwanger.
Jetzt war die Entscheidung gefallen, wir wollten heiraten. Doch vorher wollte Gerd seine Strafe absitzen. Wir lösten unsere Wohnung auf, und er ging in den Knast. Merkwürdig, wie ich das Wort Knast schreibe, wenn ich von ihm erzähle. Ich nahm ein kleines Zimmer in einem Hotel und arbeitete dort rund um die Uhr.

Einige Wochen später hatte ich eine Fehlgeburt. Als ich in der Klinik ankam, schoben mich die Nonnen erst einmal auf den Flur und ließen mich dort Stunden warten. Ich hatte schwere Blutungen und dachte, daß ich nicht mehr lebendig aus diesem Krankenhaus herauskommen würde. Es war eine Nacht, die ich nicht vergessen werde. Die Nonnen haben gedacht, ich hätte abgetrieben. Und ich hatte mich so auf mein Kind gefreut.

Nach Gerds Rückkehr aus der Haft fanden wir schnell eine Wohnung. Einen Monat später war ich wieder schwanger.

Mir fiel ein, daß Barbara, als sie vom Urlaub in die Haft zurückkam, ebenfalls Angst gehabt hatte, schwanger zu sein. Sie nahm keine Antibaby-Pillen, ohne begründen zu können, warum sie die Pille nicht nahm.

Ein anderes Mal regte sie sich vor einem freien Wochenende sehr auf, weil ihre Periode in der Haft so unregelmäßig geworden war, daß sie sich auf keine Zeit verlassen konnte. So hatte sie ständig Sorge, wieder schwanger zu werden.

Nun heirateten wir und zogen kurz vor der Geburt meines Sohnes nach H. Wir kamen nicht zur Ruhe.

Kurz nach der Entbindung wurde ich mit Gerds Schulden aus den Jahren vorher konfrontiert. Ich hatte davon nichts gewußt. Er war immer sehr großzügig zu mir gewesen, und ich selbst hatte ja auch genug verdient, ich hatte keine Geldsorgen gehabt. Was wäre gewesen, wenn ich mich damals von ihm getrennt hätte?

Ich konnte es nicht.
Zahlungsbefehle und Gerichtsvollzieherbesuche gab es nun täglich.

Eigentlich wollte ich mich nur um meinen Sohn kümmern, doch da wir von etwas leben mußten, begann ich, dreimal wöchentlich als Propagandistin zu arbeiten.
Gerd arbeitete als Schlachter, seinem eigentlichen Beruf. Aber er haßte seinen Beruf. Später arbeitete er auch im Verkauf.

Ich übernahm Angebote für Werbewochen in Kaufhäusern und Metros. Die Arbeit war sehr frustrierend. Ich schaffte den Haushalt nicht mehr, und nicht mehr die Arbeit mit dem kleinen Kind.
Gerd fing an zu trinken. Sobald Geld ins Haus kam, mußte er etwas Neues haben.
Er kaufte ein zweites Auto. Und er trat einem Reiterverein bei. Dort fühlte er sich wohl.

Er gab groß an und warf das Geld nur so raus. Er wollte jemand sein. Durch Bekannte, die eine Gaststätte aufgaben, kamen wir auf die Idee, die Gaststätte zu übernehmen. Wir investierten viel Geld in dieses Projekt. Ich legte meine Lebensmittelprüfung ab und stieg voll ins Geschäft ein. Das hieß von morgens früh bis nachts nach 24 Uhr. Ich war total im Einsatz. Meinen Sohn mußte ich zu meinen Eltern geben.
Ich arbeitete, aber unsere Schulden wurden kaum weniger.

In meiner Ehe kriselte es, Gerd kümmerte sich nicht mehr um die Gaststätte. Er ging reiten, er kam nur noch, wenn er Geld brauchte.

Anfänglich hatte ich alle Rechnungen bar bezahlt, aber langsam kam ich immer mehr in Verzug. Nach sechs Monaten hatte ich die Nase voll. Ich konnte nicht mehr, ich schluckte Aufputschmittel, um durchzuhalten.
Mit Minus schloß ich das Geschäft.
Wir gaben auf.

Wie sehr sich mein Sohn von mir zurückgezogen hatte, fiel mir gar nicht auf. Ich war viel zu beschäftigt.
Ich suchte wieder Arbeit in meinem Beruf, fand aber nur eine schlecht bezahlte Stellung bei einem Reprofotografen.
Danach traute ich mir zu, selbständig zu arbeiten. Ich bekam eine gute Stellung als Reprolaborantin, war zuständig für Industrieaufnahmen, Außenaufnahmen und für die Montage. Aber privat sah es nicht gut aus. Unter jedem Möbelstück klebte der Kuckuck. Nur mühsam konnte ich verhindern, daß alle Möbel abgeholt wurden.
Von freitags bis montags arbeitete ich als Serviererin in einer Diskothek. Die Woche über als Fotografin.
Gerd sah ich nur noch, wenn er Geld holen wollte. Er verdiente nichts mehr, und ich mußte mich allein mit den Schulden rumplagen. Und er machte ständig neue, für die mußte ich auch noch aufkommen.
Jetzt wollte ich unbedingt die Scheidung. Aber er weigerte sich. Noch im Gericht, als ich es endlich durchgesetzt hatte, bat er mich, mich nicht scheiden zu lassen. Ich war ein Halt für ihn, einen schweren Alkoholiker. Ich hatte kein Mitleid mehr mit ihm.

Die Wohnung hatte ich schon vorher geräumt und ihm überlassen. Die Möbel waren alle abgeholt worden.
Die letzte Zeit mit Gerd war schlimm. Er kam oft daheim an, wütend, betrunken, schlug auf mich ein. Er nahm immer wieder mein ganzes Geld mit.
Wir hatten am Anfang unserer Ehe ausgemacht, daß wir alles Geld, das wir verdienten, in einen kleinen Topf tun wollten. Der Topf stand auf dem Küchenschrank. Ich tat immer mein verdientes Geld hinein. Er zuerst auch, aber dann kam er nur, um das Geld zu nehmen.
Gerd beging ein halbes Jahr später Selbstmord.
Ich suchte eine neue Wohnung, in der nichts an ihn erinnerte und wechselte die Firma. Ich arbeitete Tag und Nacht, aber ich mußte Gerds Schulden abarbeiten. Ein aussichtsloses Unternehmen.
Der Gerichtsvollzieher kam und pfändete, was zu pfänden war. Nun arbeitete ich auch noch nachts als Bardame.

Die knappen Sätze, in Barbaras steiler Schrift aufgeschrieben, sagten alles aus über ihre fast hoffnungslose Situation. Nirgends stand, daß sie sich um Hilfe an ihre Eltern gewandt hatte, dachte ich.

Ich plagte mich mit vielen Vorwürfen wegen Gerds Selbstmord. Fragte mich, ob ich es hätte verhindern können. Jetzt fing ich an zu trinken.
Anfänglich trank ich und war noch in der Lage zu arbeiten. Ich war auch fest entschlossen zu arbeiten, aber ich ließ mich dann immer häufiger krank schreiben. Als ich nicht mehr ohne Alkohol arbeiten konnte, man

mir in meiner Firma aber doch eine Chance geben wollte, legte man mir nahe, nur noch im Labor zu arbeiten. Ich war beschämt, weil sie so großzügig waren und kündigte zum nächsten Quartal.
Fast drei Monate hatte ich Zeit zu überlegen, wie es mit mir weitergehen sollte. Dies war meine schwärzeste Zeit.
Ich wollte mich umbringen. Ich saß in einer winzigen Dachkammer, immer in Angst vor Rechnungen, dem Pfänden, den Zahlungsbefehlen, saß da, mit drei Flaschen Weinbrand. So viel trank ich am Tag.
Dazu rauchte ich ohne Unterlaß.
Mein Leben war sinnlos geworden.
Ich hatte schon immer gern reisen wollen, aber ich war noch nie aus Deutschland herausgekommen. In einem hellen Moment ging ich zu meinen Eltern, nahm meinen Sohn, und wir fuhren nach Istrien.
Dort machte ich Pläne für die Zukunft.
Ich wollte erst einmal raus und alles hinter mir lassen.
Auf der Rückfahrt traf ich am Bahnhof eine alte Freundin. Sie sagte, daß sie in der nächsten Woche lostrampen wollte. Das war der Moment, ich beschloß, mit ihr zu trampen.
Ich vermietete meine Wohnung und rüstete für eine Rucksacktour durch Europa.
Zuerst trank ich abends noch bis zu zwei Flaschen Rotwein, bevor ich in den Schlafsack kroch, aber je länger wir unterwegs waren, desto weniger brauchte ich.
Wir trampten durch halb Europa. Zuletzt flogen wir nach Israel und arbeiteten in einem Kibbuz.
Nach fast acht Monaten war ich vom Alkohol kuriert und hatte neuen Lebensmut.

Nach meiner Rückkehr lernte ich einen Witwer mit drei Kindern kennen. Er bat mich, ihn zu heiraten, und ich überlegte mir, daß ich dann meinen Sohn zu mir holen konnte. Ich war nicht verliebt in diesen Mann, es war eher die Überlegung, mit ihm ein Leben zu beginnen in bürgerlicher Sicherheit.
Ich wurde nach einigen Wochen wieder schwanger. Und an dem Tag, als ich vom Arzt kam, traf ich meinen jetzigen Mann in einem Café. Wir hatten beide einen Eiskaffee bestellt.
Wir verliebten uns.
Schon nach einer Woche zogen wir zusammen. Bald heirateten wir. Das Verrückte war, daß mein Mann sich immer Kinder gewünscht hatte, daß aber seine achtjährige Ehe kinderlos geblieben war.
Wir genossen die Zeit meiner Schwangerschaft.
Wir freuten uns beide auf das Kind. Doch auch jetzt verfolgten mich die Schulden aus meiner ersten Ehe, und er hatte ebenfalls Schulden. Mein Mann mußte großen Verpflichtungen nachkommen.
Mein Mann war bei der Geburt des Kindes dabei. Doch plötzlich hatte er Angst, ob er das Kind eines anderen Mannes würde wirklich lieben können.
Wir beschlossen, das Mädchen zur Adoption freizugeben. Ich entschied mich für ihn, gegen das Kind. Es kam zu einem Ehepaar, dessen Name ich nie erfahren habe, und ich verzichtete auf meine Widerspruchsfrist.
Der Alltag begann.
Wir fingen an, uns selbständig zu machen, trotz der Schulden. Wir gründeten eine Firma.

Ich sah, daß einige Zeilen, die Firma betreffend, durchgestrichen waren.

Wir investierten wieder. Nahmen Kredite auf, und wieder hatten wir Pech. Mit genügend Eigenkapital hätten wir sicher auch die erste Durststrecke durchstehen können. So nicht. Es ging schief. Und wir standen mit einem noch größeren Schuldenberg da als zuvor.

Fast spielerisch kam uns die Idee mit dem Falschgeld. Wir probierten es einfach. Noch kam uns nicht der Gedanke, das Geld auch in Umlauf zu setzen. Es war einfach so, daß Kinder einen Traum ausprobierten, wir spielten herum. Sein eigenes Geld herstellen und die Schulden bezahlen, um endlich frei zu sein, das war der Traum.

Die Scheine stimmten in der Farbe nicht, doch wir probierten sie einfach einmal in einer Boutique aus.

Ich kaufte mir einen Berg Kleider.

Ich liebte es schon immer, elegant angezogen zu sein. Das sollte mir auch zum Verhängnis werden.

Da wir aber keine Profis waren, bereitete uns das Geldabsetzen große Schwierigkeiten. Um überhaupt einen Spaß zu haben, wohnten wir ein paar Mal in großen Hotels und genossen es, wie wohlhabende Leute verwöhnt zu werden.

Nun wußten auch wir, was Luxus war.

Das alles dauerte nicht sehr lange, sehr geschickt waren wir auch nicht. Und da wir immer unsicherer und nervöser wurden beim Geldeintauschen, beschlossen wir, das Unternehmen aufzugeben. Wir wollten wieder ein normales Leben ohne Angst und Nervenkitzel leben.

Wir vernichteten alles, was wir zur Falschgeldherstellung benutzt hatten.
Es gab also kein Zurück.
Wir fanden ein kleines Haus auf dem Land. Baufällig, aber hübsch gelegen. Wir kauften es von meiner Witwenrente. Wir stürzten uns in die Arbeit. Das war unser Haus. Wir machten alle notwendigen Arbeiten im Haus und am Haus selbst, es war eine herrliche Zeit.
Wir strichen gerade eine Front des Wohnraums weiß, hatten einen kleinen Fernseher auf einen Stuhl gestellt und den Apparat eingeschaltet, da sahen wir in der Sendung XY, daß sie uns auf der Spur waren. Es erschien ein Phantombild von mir, nicht sehr ähnlich.
Uns war klar, daß es nach dieser massiven Suchaktion ernst werden könnte. Wir hatten aber keine Lust wegzulaufen.
Genau eine Woche später war das Haus umstellt. Wir waren noch gar nicht aufgestanden.
Mein Sohn öffnete die Tür, und wir fanden uns unvermittelt in Gesellschaft des BKA und der Polizisten aus dem nächsten Ort.
Unser Dorf hatte keinen eigenen Polizeiposten.
Alles im Haus wurde auf den Kopf gestellt, durch unsere offene Art erreichten wir den Abzug der Uniformierten. Es hatte für uns keinen Sinn zu leugnen. Meine Kleider sprachen Bände. Wir erklärten uns zur Aufdeckung bereit, es bestand keine Fluchtgefahr, und so konnte ich bis zur Verhandlung auf freiem Fuß bleiben.
Meine Mutter fiel aus allen Wolken, als sie erfuhr, was geschehen war.
Sie holte sofort unseren Sohn ab.

Es kam der Tag der Verhandlung. Wir wurden beide zu zwei Jahren mit Bewährung verurteilt. Glücklich, frei zu sein, verließen wir das Gerichtsgebäude. Wir fingen an, in unseren Berufen zu arbeiten, aber wir hatten noch einen Berg Schulden am Hals. Wir hatten nicht soviel Falschgeld gemacht, um die meisten Schulden zu bezahlen. Wir sind keine Profis gewesen.

Da kam uns die Idee, endlich alles hinter uns zu lassen. Deutschland zu verlassen. Irgendwo neu und unbekannt wieder von vorne zu beginnen. Aber mit Bewährung darf man Deutschland nicht verlassen.

Wir machten uns keine zu großen Sorgen deswegen, kauften einen alten VW-Bus, bauten wochenlang an ihm, und ich nahm dann eines Tages alle Schulbücher meines Sohnes, holte ihn von der Schule ab, und wir fuhren los.

Glückliche Vagabunden, die sich frei wähnten.

Wir lebten außerordentlich bescheiden, es ist erstaunlich, wie wenig man tatsächlich braucht.

Auf dem Landweg kamen wir mit unserem VW bis nach Indien. Dann weiter mit dem Rucksack durch Thailand, Malaysia, Singapur.

Wir flogen nach Kanada und kauften uns Fahrräder. Mit den Fahrrädern fuhren wir quer durch Kanada. Fast ein Jahr lang waren wir unterwegs.

In Kanada wollten wir bleiben. Das war unsere neue Heimat.

Aus Gründen der Emigration verließen wir noch einmal das Land, um uns in Mexiko Papiere zu besorgen. Wir reisten durch Mexiko und betrieben unsere Emigration.

In der Deutschen Botschaft in Mexiko wurden wir festgehalten und der Polizei überstellt. Es ging zurück nach Deutschland. Es kam zu einer neuen Verhandlung, und wir mußten nun beide die Haft antreten.
Und jetzt bin ich hier.
Wenn man nur schon als Kind wüßte, was mit einem geschehen würde.

Ich faltete die Papiere zusammen. Wäre Barbara anderen Männern begegnet, in die sie sich verliebt hätte, vielleicht hätte sie ein ganz normales bürgerliches Leben geführt.
Wäre alles anders gekommen, wenn man sie als Kind mehr geliebt hätte? Verstanden hätte, daß sie unsicher war, sich einsam fühlte, daß sie wegen ihrer Behinderung Hemmungen hatte? Viele Fragen!
U. würde sagen, jeder hat seine ganz speziellen Schwierigkeiten als Kind, als Jugendlicher, als Erwachsener. Man muß damit fertig werden, das ist alles.
Gerade ihre Gutmütigkeit, ihre Hilfsbereitschaft, die Tatsache, daß sie auch für einen anderen mitarbeiten, Schulden übernehmen wollte, hatten ihr sehr zu schaffen gemacht.
Manchmal kam es mir vor, als sei Barbara auch an ihren positiven Eigenschaften gescheitert. Eines aber wußte ich, daß sie und ihr Mann sich jetzt in dieser Situation gegenseitig stützten. Ich liebe meinen Mann sehr, hatte sie einmal gesagt, und er mich.

Ich verließ die Bibliothek. Olga war nicht gekommen. Ich schloß die Tür und sah Olga hinter dem Gitter ihres Trakts stehen. Sie winkte mir.

Ich hatte eine Gruppenbesprechung und konnte nicht kommen. Frau B. wollte dich benachrichtigen, aber das hat wohl nicht geklappt.
Ich stand nun vor dem Gitter und hielt mich außen an den Stäben fest. Wir mußten lachen. Wie die Affen im Zoo. Wo ist Silvie?
Sie ist heute zum Klavierspielen gegangen. Wir dachten, man hätte dich benachrichtigt und du würdest nicht kommen.
Klavierspielen?
Ja, das ist möglich. Man trägt sich ein, bekommt einen Schlüssel und kann spielen. Ich spiele auch manchmal.
Mit diesem Daumen?
Ja. Es geht damit.
Ich wunderte mich, daß Olga Klavierspielen konnte. Ich hatte ihr das nicht zugetraut.
Und was jetzt?
Jetzt versuche ich, dir meine Zelle zu zeigen. Du sollst einmal sehen, wie wir wohnen.
Ich hatte schon einmal probiert, mit Barbara in deren Zelle zu gehen, aber die damalige Aufsicht hatte es nicht erlaubt.
Es kommt fast immer auf die Aufsicht an, heute ist ein günstiger Tag. Heute hat eine der älteren Schließerinnen Dienst, sagte Olga.
Aufsicht, schrie Olga. Aufsicht, den Schlüssel bitte.
Eine ältere Frau mit einem gutmütigen Gesicht kam sofort und schloß mir das Gitter auf. Ich gab ihr den Schlüssel der Bibliothek zurück. Nun war ich tatsächlich hinter dem Gitter.

Olgas Trakt lag im Parterre.
Die Frauen auf Olgas Trakt hatten gerade Freistunden. Sie standen bei strahlendem Sonnenschein auf diesem dunklen Gang herum und sahen nichts als die Betonwände und die vergitterten Fenster.
Einige der Frauen sahen sehr ungepflegt aus, hatten grell gefärbtes Haar. Sie gaben sich nicht die geringste Mühe mit ihrem Aussehen.
Olga erklärte einer kleinen Gruppe, wer ich war, aber niemand nahm Notiz von mir.
Olga ging langsam in Richtung zu ihrer Zelle. Ich sah flüchtig in einen Raum. Es war der Gruppenraum. Ein kleiner Raum für zwanzig Frauen, die ihre Freizeit da verbringen sollten. Ein Kissen lag auf dem Boden, die Farbe blätterte von den Wänden ab, es sah schmuddelig und unfreundlich aus.
An diesen Raum schloß sich die Küche an. Auch ein winziger Raum. Auch hier waren die Wände einmal weiß gestrichen gewesen. Jetzt war alles schmutzig grau.
Es gab einen kleinen Tisch, ein Heißwasserboiler hing an der Wand, und an der Wand hingen auch zwei Sperrholzkistchen, die irgendwann einmal in den Knast geraten sein mußten. Die Frauen hatten sie umfunktioniert zu einem Küchenregal.
Es sah armselig aus.
Auf dem Regal stand eine Büchse mit Salz, ein Topf mit einem Kochlöffel, ein wenig Geschirr. Ein Wunder, daß das dünne Kistchen hielt.
In diesem Raum können wir unseren Tee oder Kaffee selbst zubereiten.
Ist das alles, was in dieser Küche ist?

Ja. Keine Backhaube, kein Eisschrank, so gut wie gar nichts. Es wäre sicher einfach, ein paar praktikable Dinge zu organisieren? Wenigstens über Spenden?
Ja, das wäre sicher möglich.
Wir gingen langsam weiter.

Olga deutete in einen kleinen Vorraum. Hier ist unsere Toilette, wir können sie tagsüber benutzen. Vor den beiden Toiletten war ein Vorraum abgeteilt. Es war trostlos. Es gab insgesamt sechs Waschbecken für die zwanzig Frauen dieses Trakts.

Hier drängelten sich also morgens, wenn sie zur Arbeit gerufen wurden, zwanzig Frauen um die Waschbecken.

Olga nahm sich lieber ihre Waschschüssel mit in die Zelle und holte sich nur ihr Wasser. Sie wusch sich eben in der Zelle, so gut es ging.

P. war ein Gefängnis aus dem vorigen Jahrhundert. Daran war nichts zu ändern. Es gab kaum die notwendigsten Sanitäranlagen, wenig Sport- und Freizeitmöglichkeiten. Insofern waren alle Frauen benachteiligt, die hier inhaftiert waren.

Ich ging in den Vorraum hinein. Unter den Waschbecken standen verschiedenfarbige Plastikschüsseln, alle voll eingeweichter Wäsche. Eine Schnur war quer durch den Raum gespannt, dort hingen Höschen, Strümpfe, ein Pulli. Über die Leine geworfen, so gut es eben ging
Gibt es keinen Platz, um ein paar private Sachen zu waschen und zu trocknen?
Nein.

Einmal wöchentlich wird die Hauswäsche in der Kammer getauscht.
Du kannst deine Kleider, Söckchen, Schlüpfer, alle deine privaten Sachen, dazu dein Geschirrhandtuch, deine Bettwäsche und was sonst so anfällt, waschen lassen.

Ich hatte einmal in Schorschs Kneipe von P. erzählt, und Peter, der zufällig neben mir am Stammtisch saß, sagte, wir haben die Wäscherei in P. eingerichtet. Wir durften nicht ausschließlich solche Apparate einbauen, die alles selbsttätig machen, denn in der Wäscherei sollen möglichst viele Frauen und Mädchen Arbeit finden. Ich war einmal dort.
Die Mädchen haben überhaupt nicht hochgeblickt. Als ich kam, gingen sie rasch zur Seite.
Irgendwie hat mich ihre Haltung deprimiert.

Olga erzählte: Da wir nur wenig Kleidungsstücke haben dürfen, hat man einfach das Bedürfnis, ab und zu einmal etwas auszuwaschen. Du siehst, das sind die Möglichkeiten. Und das wiederum für zwanzig Frauen und Mädchen.
Ich empfand, daß alles eine Gleichgültigkeit den Menschen gegenüber ausstrahlte. Die abblätternde Farbe, die schmutzigen Räume. So gleichgültig wie die Umgebung schienen auch die Frauen auf dem Gang, in dieser trostlosen Umgebung bei schönstem Sommerwetter draußen.
Sie standen eben da, weil sie wiederum nur nach Vorschrift eine Stunde ins Freie durften. Ich konnte mir nicht vorstellen, daß ich, wenn ich eingesperrt wäre,

nicht gegen das alles rebellieren würde. Mußte das wirklich so trostlos sein?

Diese Umgebung aktivierte bestimmt keine Kräfte. Sie brachte das Gegenteil zustande.

Wie zum Beweis, daß es nun weiter nichts mehr gab als die Zellen, ging Olga weiter.

Wir liefen erst noch bis zum Ende des Gangs und an Olgas Zelle vorbei. Alle Zellentüren standen offen. Es gab keinerlei Intimität oder Privatleben, da man die Zellentüren von innen nicht schließen konnte. Jeder konnte also jederzeit zu jedem eindringen.

Mir fiel ein, daß Ina einmal gesagt hatte, ich wage es kaum, von mir aus in eine fremde Zelle zu gehen. Ich habe immer Angst, ich könnte nicht willkommen sein. Aber so sensibel wie Ina waren sicher nur wenige der Mädchen und Frauen.

Am Ende des Ganges hing wiederum eine Leine quer gespannt. Hier hingen Höschen und Strümpfe.

Es ist nicht erlaubt, diese Leine aufzuhängen, aber es kümmert sich Gott sei Dank niemand drum. Das ist noch das beste daran.

Wenn ich an mein Bad daheim dachte, wenn ich nachdachte, wie einfach die meisten Dinge waren und wie problematisch sie im Knast wurden, wußte ich, was es bedeutete, für Monate oder Jahre inhaftiert zu sein.

Ich sah Olga an. Sie sah an diesem Tag fröhlich aus, aber sie wirkte meist ausgeglichen und ruhig. Sie trug eine verwaschene Seidenbluse. Ich hatte den Eindruck, daß Olga sich schick darin vorkam. Olga hatte fast alle ihre Kleider geschenkt bekommen. Sie hatte genau wie

Rita im Knast so zugenommen, daß ihr die eigenen Sachen nicht mehr paßten.
Wieviel eigene Kleidung durfte man haben?
Ich dachte an meine erste Begegnung mit den Frauen, wie schick war mir Barbara vorgekommen. Jetzt wußte ich, wieviel Mühe es tatsächlich gekostet haben mußte, sich schick anzuziehen und sauber und gepflegt zu sein.
Laut Vorschrift sind drei Hosen, drei Pullis und drei Blusen erlaubt, kaum Unterwäsche.
Ich habe so zugenommen, sagte Olga, mir paßt nichts mehr. Aber das war kein Problem. Eine der Frauen hat mir eine Hose dagelassen, als sie entlassen wurde, und nun habe ich eine passende Hose. Eine andere wird mir demnächst wieder eine dalassen. Einen Rock habe ich auch noch. Das stört mich alles nicht, sie lachte. Wenn ich mehr Klamotten hätte, wüßte ich gar nicht wohin damit in der engen Zelle.
Die Vorschriften gibt's halt, aber manche kann man umgehen.
Jede von uns mogelt sich etwas zusammen. Immer wieder verschenkt eine der Frauen etwas, vor allem, wenn sie entlassen wird.
Wer entlassen wird, läßt immer etwas da.
Wir gingen nun langsam vom Ende des Gangs aus zurück zu Olgas Zelle. Ich schaute noch einmal in den Raum mit den Waschbecken.
Olga deutete auf ein großes Becken. Das ist das Kübelwaschbecken. Da wäschst du morgens deinen Kübel aus, wenn du nachts aufs Klo mußtest. Ich bin im Moment nicht dafür zuständig, Kübel auszuleeren. Ich glaube, jetzt macht das jede sowieso selbst. Das war

einmal anders. Wenn ich morgens meinen Kübel auf die Toilette trage, habe ich das Gefühl, ich bin auf der untersten Stufe angekommen.
Aber das darf man nicht an sich herankommen lassen. Man muß daran denken, daß man das alles eines Tages hinter sich hat. Abgesehen davon, daß manche, die hier ankommen, zuerst so fertig sind, daß sie gar nicht in der Lage sind, ihre Situation zu begreifen.
Sie sind am Anfang zu fast nichts imstande. Sie sind nicht einmal fähig, sich zu waschen. Alles ist ihnen gleichgültig, sie sind fertig.
Es ist das Dop!

Ich mußte wieder daran denken, wie Kathie mir gestern ihre Arme gezeigt hatte. Schau, neue Einstiche, es macht mir gar nichts aus.
Max hatte ich kurz danach getroffen. Es ist schwer mit ihr, hatte er gesagt, und ich bin doch selbst nicht so stark. Gerade hab ich es hinter mir. Er war schon dabei, die Wohnung auszuräumen. In acht Tagen müssen wir endgültig ausziehen. Wir bekommen eine Schlichtwohnung.
Unser Abstieg, sagte er, ist selbst verschuldet.
Ich mußte daran denken, wie ich mit den Feuerwehrleuten, dem Arzt und den Sanitätern vor Kathies Wohnungstür gestanden hatte, jetzt stand ich vor einer Zellentür. Wenn Kathie wüßte, auf was sie zusteuerte.
Olga wirkte weniger verloren als Kathie im Moment. Aber wie verloren und kaputt war sie wohl gewesen, als sie hier ankam?
Ob Olga es geschafft hatte? Sie war, wie auch Barbara, gütig und ausgeglichen.

Frau B. hatte einmal zu mir gesagt, Olga ist sicherlich über dem Berg. Aber sie ist noch nicht so belastbar, wie sie glaubt. Alle Frauen hängen sich an sie, wenn sie Probleme haben. Manchmal kann ihr das zuviel werden; immer die Kümmernisse der anderen anzuhören und sie zu trösten. Sie braucht selbst noch Hilfe.

Olga deutete auf eines der Mädchen. Langsam nimmt sie ihre Umgebung wieder wahr. Ich habe versucht, ihr zu helfen. Sie ist kaum über zwanzig. Man muß viele Rückschläge und Enttäuschungen mit diesen Kindern einstecken. Es braucht unendlich viel Geduld und Liebe, um ihnen zu helfen. Sie haben keine Initiative mehr, keinen Willen, sie waren süchtig.
Sie umriß damit auch, was in den letzten Jahren das Leben von Kathie zerstörte, das von Max und das ihres Kindes.
Das Dop hatte das Leben vieler Frauen und Mädchen in P. zerstört. Sie deutete noch einmal den Gang hinunter. Deutete in diese trostlose Umgebung. Bei diesem Mädchen habe ich einiges erreicht. Und darüber bin ich sehr froh. Es tut gut, einem anderen helfen zu können. Ich würde später gern irgendwo arbeiten, wo ich anderen helfen kann.
Sozialarbeiterin kann ich mit meiner Vorbildung nicht werden. Wenn es nur eine Zukunft für mich gäbe, eine Tätigkeit, bei der ich mich voll einsetzen, meine Erfahrungen einbringen kann. Vielleicht ist die Zeit, die ich in P. war, dann nicht umsonst gewesen!
Drei der Frauen kamen jetzt näher. Sie unterhielten sich nicht. Sie gingen stumm an uns vorbei und verschwanden in einer der Zellen. Für die Schließerinnen

war es sicher auch nicht immer einfach, mit all diesen Frauen umzugehen, sich so zu verhalten, daß ein gewisses Maß an Freundschaft und gegenseitigem Vertrauen entstand.
Olga drehte kurz den Kopf in Richtung der Frauen. Gar nichts erwarten am Anfang. Man darf gar nichts voraussetzen. Jeder Schritt ist ein Erfolg. Welch eine Geduld gehört dazu, diesen Frauen und Mädchen einen neuen Anfang zu schaffen.
Ich weiß, daß ich mich von einem bestimmten Zeitpunkt an gehen gelassen habe, ich weiß, daß ich vieles falsch gemacht habe, das Schlimmste aber ist, daß ich oft das Gefühl habe, daß mir die Gesellschaft später nichts verzeiht, auch wenn ich für meine Schuld hart gebüßt habe.
Den Makel wirst du nicht los, Ruth.
Komm. Hier ist die Zelle.
Da sind wir also, sagte Olga und deutete hinein. Es war ein schmaler Raum. Jedes Stückchen Wand war mit einem Zettel bedeckt. Bilder und Ausschnitte aus Zeitschriften und Zeitungen. So, als wolle Olga die Wände verschwinden lassen.
Rechts neben der Tür hing ein Spiegel, er war mit schwarzem Papier umrahmt. Schwarz erinnerte wieder an die Wohnung von Kathie.
Links in der Ecke war der Kübel. Der Kübel wirkte wie ein Hocker und war mit Zeitungen und Kartons bedeckt, die wiederum prall gefüllt waren mit Papieren. An der linken Seite war auch das herunterklappbare Eisengestell für das Bett. Wenn es ausgeklappt war, mußte es so gut wir gar keinen Platz mehr geben, um sich daran vorbeizubewegen.

Olga klappte das Bett nicht herunter.
Das Bettgestell ist so durchgelegen, daß du, selbst wenn die Matratze draufliegt, durchhängst und morgens mit schlimmen Rückenschmerzen rauskriechst.
Ich habe die Matratze auf den Fußboden unterhalb des Fensters gelegt, es ist zwar nicht erlaubt, ich tu's trotzdem.
Außerdem, wenn du dich tagsüber nach der Arbeit mal setzen oder hinlegen willst, kannst du dich nicht mehr bewegen, wenn das Gestell runtergeklappt ist.
Wir setzten uns auf die Matratze, und ich versuchte, die Beine lang auszustrecken. Es war unbequem so zu sitzen.
Olga machte es nicht viel aus. Die Matratze lag auf dem kalten Betonboden. Man spürte die Kälte, ohne Rheuma kam sie nicht davon, wenn sie nachts darauf schlief.
Mitten im Raum hatte sie drei Zeitungsblätter auf dem Fußboden ausgebreitet. Darauf lagen Spitzwegerichblätter zum Trocknen. Olga würde davon ihren Tee kochen.
Wie mußte sie sich fühlen, wenn sie einmal für einige Tage Urlaub hatte und sich draußen auf einer Wiese bewegte?
Die Zelle war dunkel, es war ein Käfig. Vergittert. Keine Chance zu entkommen. Und der Blick aus dem Fenster? Ich sah ein Stück Hof und Gebäudeteile mit vergitterten Zellenfenstern.

Die Zelle erinnerte an den Luftschutzkeller im Krieg. Alarm Nacht für Nacht. Der Versuch von mehreren

Personen, mir und der Schwester die langen, beigen Wollstrümpfe anzuziehen und an einem Leibchen festzuknöpfen. Die Nervosität und die Ungeduld der Erwachsenen, diese Knöpfe durch die Gummibänder zu stecken.
Das Torkeln die Treppe runter. Jemand, der die Eisentür mit dem Rad aufdrehte. Und da saßen unten oft schon in dem einzig freien Raum, der nicht durch Lattenverschläge in private Kellerräume abgetrennt war, Erwachsene und Kinder aus dem Haus, auf mitgebrachten Stühlen. Alle hatten sie Angst, warteten auf die Entwarnung.
Wieder das Hinaufzerren in die Wohnung.
Laß dich doch nicht so hängen, du bist zu schwer. Wie kann ein kleines Mädchen nur so schwer sein?
Sie schläft doch, nimm sie höher.
Ach laß nur, ich trage sie.

Jetzt saß ich neben Olga auf einer Matratze im Knast und versuchte, die Beine von rechts nach links zu drehen. Die Zelle war ein Loch, in solch einer Zelle wurden sogar von Zeit zu Zeit zwei Frauen eingeschlossen, wenn P. überfüllt war.
Olga sagte, ich habe vom offenen Strafvollzug gehört, den von 1986 an bundesweit obligatorischen Resozialisierungsmaßnahmen. Das dauert noch zu lang, wenn man Tag für Tag auf seiner Matratze sitzt in P.
Olga beugte sich zu mir, die verwaschene Seidenbluse schob sich auseinander. Olga hatte auf die rechte Brust ein Salatblatt gelegt. Jetzt nahm sie es weg und zeigte mir die vernarbte Stelle oberhalb der Brustwarze. Die Narbe war wulstig und rot.

Olga öffnete die Bluse noch weiter. Die Narben gingen weit den Hals hinauf. Sie zeigte jetzt ihre Hand. Nicht nur der Daumen, auch der Zeigefinger und die Haut quer über der Hand waren vernarbt.
Ich habe Kräuter und das Salatblatt aufgelegt, es soll helfen.
Kommt vom Dop. Eine Verbrennung vierten Grades.
Olga schob das Salatblatt zurecht.
Wie konnte man sich nur so entsetzlich verbrennen?
Es ist letzten Februar passiert. Der Finger war fast verkohlt.

Ich kannte Kathie, hatte Kathie in schlimmen Zuständen erlebt. Hatte gesehen, daß auch ihr Sohn sie nicht davon abhalten konnte, eine Flasche Rum auszutrinken und so viele Schlaftabletten in sich hineinzustopfen, wie sie gerade finden konnte.
Nur weil ich Kathie kannte, hatte ich überhaupt eine ungefähre Vorstellung davon, in welchem Zustand Olga damals gewesen sein mußte.
Wir sprachen das erste Mal miteinander, ohne die anderen Frauen. Olga schien es gut zu tun, daß sie allein mit mir reden konnte.
Ich merkte, daß mir selbst nach so kurzer Zeit die Umgebung der Zelle sehr zusetzte. Ich wäre bei dem Gedanken, daß eine Schließerin kommen und mich einschließen könnte, am liebsten aufgesprungen und bis zum Gitter gegangen, um laut nach der Aufsicht zu rufen.
Ich blieb sitzen, blieb neben Olga.
Olga schob das Salatblatt zurecht.

Ich hatte mir einen zweiten Druck gemacht. Das war zuviel. Verstehst du?
Nein! Ich verstehe nicht, was es heißt, sich einen Druck machen. Ich kann das nicht nachvollziehen.
Wir schwiegen wieder.
Ich weiß nicht, warum ich versagt habe. Ich weiß nur, daß ich aus dem Versagen herausfinden will. Daß ich, wenn ich meine Strafe verbüßt habe, ein neues Leben anfangen will.
Olga saß da und malte Kringel auf die Matratze.
Ich bin schon zum zweiten Mal im Knast. Das erste Mal kam ich wegen Diebstahl rein. Und hier in P. habe ich zum ersten Mal gespritzt. Hier habe ich das gelernt, als ich das erste Mal einsaß.
Ich wollte Olga unterbrechen. Es konnte einfach nicht möglich sein, daß man hier an Dop kam, aber Olga saß da, den Kopf in die Hände gestützt und sprach langsam, fast zögernd weiter.

An diesem trostlosen Februartag passierte es. Mein Sohn Jurik war in der Schule. Niemals sah er, wie ich die Spritze benutzte. Er sah nur manchmal, daß es mir schlecht ging. Da war er unglücklich und wollte mir helfen.
Wie alt war Jurik?
Vierzehn!
Wie oft ist er in die Apotheke gerannt und hat Kopfschmerzmittel geholt. Ich habe ihm vorgemacht, daß mir das hilft. Aber er wußte, daß es nicht helfen würde. In seiner Not holte er immer wieder die Tabletten.

In den letzten Monaten aber holte er keine Kopfschmerzmittel mehr.
Er dachte, ich trinke eben. Er haßte diesen Zustand. Er schwor, daß er niemals rauchen oder Alkohol anrühren würde. Er fand mich in diesem Zustand häßlich und ging meist aus der Wohnung, um mit Freunden zu spielen.
Später, wenn ich wieder o.k. war, war er mir wieder gut. Er hat mich gern und ich ihn.
Ich denke oft an Jurik.
Er war an diesem Februarmorgen in der Schule. Gott sei Dank wirkte die Spritze endlich. Ich schlief fast ein. Ich wollte noch eine Zigarette anzünden. Neben meinem Bett stand eine dicke, rote Kerze auf dem Fußboden. Ich nahm sie hoch und hielt sie in der Hand. Sie war zu schwer und zu dick. Ich konnte sie kaum mit der Hand umfassen, so stellte ich sie auf der Brust ab und schlief ein. Ich hatte ein Nylonnachthemd an. Das Wachs tropfte auf das Hemd.
Ich wachte nach Stunden auf.
Jurik war nicht da.
Die Kerze war bis auf den Stumpf abgebrannt.
Ich stand auf, fühlte kaum Schmerzen. Ich war überall verbrannt und voll Ruß. Ich sah im Spiegel mein verrußtes Gesicht, den Hals und die Hand.
Ich dachte, ich fahre ins Krankenhaus. Sollen sie es abwaschen und verbinden. Ich hatte ein schlechtes Gewissen.
Langsam fingen die Schmerzen an.
Sie behielten mich im Krankenhaus. Mit Abwischen war es nicht getan. Was tun?

Jurik mußte benachrichtigt werden. Was ich auch anstellte, ich war immer nachts daheim. Er wußte, daß ich immer heimkam. Er konnte sich in meinen schlimmsten Zuständen darauf verlassen.
Ich sollte operiert werden.
Ich hatte Angst vor der Narkose, ich hatte Schmerzen und Entzugserscheinungen, zeigte die Einstichstellen. Sie gaben mir Beruhigungsmittel. So kam ich über die Runden. Nach sechs Wochen durfte ich nach Hause. Die Hand mußte noch einmal operiert werden, wenn ich je die Finger wieder bewegen wollte. Spätestens innerhalb der nächsten 12 Wochen, sagte der Arzt damals, muß sie operiert werden.
Ich war wieder daheim. Jurik war in der Schule schlechter geworden. Ich tröstete ihn, ich wollte mich zusammennehmen. Ich lernte mit ihm. Wir gingen schwimmen. Unternahmen viel. Aber ich hatte keine Beruhigungsmittel mehr wie im Krankenhaus. Ich hatte Entzugserscheinungen von den Medikamenten. Das war schlimm. Jetzt hatte ich Angst, es nicht mehr zu schaffen.
Ich stand am Fenster im zehnten Stock eines Neubaus. Und wenn ich springe, hat Jurik es wirklich leichter? Nein!
Ohne dich will ich nicht leben, hatte er einmal gesagt. Damals war er acht, ich hatte mir das Bein gebrochen und mußte ins Krankenhaus.
Jurik brauchte mich, und ich würde mich zusammennehmen.
Aber ich stand immer öfter am Fenster. Ich hatte Angst vor mir selbst, hatte Angst, ich könnte mir in der Depression etwas antun.

Ich sagte es einem Arzt.
Er schickte mich ins Krankenhaus.
Dort gab man mir Mittel gegen die Depression. Damit kam ich zurecht. Ich erholte mich und durfte wieder heim.
Doch der Kreislauf begann von neuem. Ich hatte mich an die neuen Mittel gewöhnt. Ohne Mittel schaffte ich es nicht. Nichts hatte sich innerlich verändert. Keine Wandlung vollzogen. Im Gegenteil, das Leben ging mit neuen Forderungen weiter.
Ich hatte Schulden und das schlechte Gewissen.
Jurik wurde versetzt, der einzige Lichtblick.

Doch ich rannte wieder auf die Szene. Ich mußte zwangsläufig wieder in P. landen, aber daran dachte ich nicht.
Auf der Szene traf ich Marianne. Marianne, die ich schon beim ersten Mal in Preungesheim getroffen hatte. Sie war in P. schon süchtig. Jetzt waren wir beide in einer ähnlichen Situation. Sie brauchte Geld. Ich brauchte Geld. Und da kam sie auf die Idee, einmal nach M. zu fahren. Dort kannte sie einen Juwelierladen. Wir wollten uns mal umsehen.
Ich klaute wieder, verstehst du?
Es war ein Samstag. Marianne rief ihren Freund an, auch er war süchtig und kam sofort. Wir drei brauchten etwas. Wir stiegen in Frankfurt in den Zug, das Geld hatte gerade für drei Fahrkarten gereicht. Wir konnten noch nicht einmal eine Rückfahrkarte kaufen und fuhren nach M.
Vor dem Juwelierladen sagte ich Mariannes Freund, du bleibst draußen und stehst Schmiere. Marianne sag-

te ich, du lenkst die Verkäuferin ab. Ich mache die Arbeit.

Wir gingen in das Juweliergeschäft.

Die Groteske begann. Marianne zeigte der Verkäuferin eine Kinderuhr. Sie redete auf sie ein. Voller Angst, aber mit der Beharrlichkeit, die man vielleicht sonst von Betrunkenen kennt. Sie wollte diese Uhr repariert haben. Die Verkäuferin sagte geduldig immer wieder, das lohnt sich nicht bei dieser billigen Uhr.

Ich hielt die Hände auf dem Rücken und öffnete das Schloß innen am Schaufenster und nahm soviel Schmuck, wie ich greifen konnte.

Weiter hinten lag ein besonders wertvoller Ring. Ich ließ ihn liegen.

Marianne nahm die Uhr.

Wir gingen aus dem Laden, und der Freund bekam den Schmuck. Da sagte ich, ich hole noch den besonders wertvollen Ring aus dem Schaufenster. Das war natürlich idiotisch.

Nun, wir gingen zurück in das Geschäft.

Wieder zeigte Marianne die Uhr.

Wieder hatte die Verkäuferin Geduld. Aber dann bemerkte sie mich. Meine Bewegungen waren fahrig und unkontrolliert, als ich am Schloß hantierte. Sie kam zu mir und sah, daß Schmuck fehlte. Sie rief um Hilfe.

Wir rannten los. Alle. Ich, Marianne, ihr Freund, die Passanten, die Verkäuferin und wer gerade Lust hatte, an der Verfolgung teilzunehmen. Da blieb ich mit einem Ruck stehen.

Warum renne ich? Wohin renne ich? Es ist doch alles egal. Nichts mehr ist wichtig.

So stand ich da, hielt die Hände hin und die Arme gerade ausgestreckt, bis sich die Handschellen darum schlossen.
Olga lächelte.
Nicht das verlorene Lächeln von Kathie.
Was für einen Blödsinn habe ich nur gemacht? Und wieviel kostbare Zeit vertan? Sinnlose Zeit, die ich hier absitzen muß. All diese verlorenen Tage.
Wie verloren kann man nur sein und wie wenig imstande, sich zu helfen!
Olga stand auf, sie suchte etwas.
Ich mußte wieder an Kathie denken, wie sie auf der Matratze gelegen und den Arzt um eine einzige Schlaftablette angebettelt hatte. Sie versuchte es immer wieder, und er sprach ruhig auf sie ein.
Wenn ich ohne Tabletten bin, hatte Kathie gesagt, bekomme ich Anfälle, Schaum vor den Mund, Zuckungen. Es ist furchtbar. Also brauche ich die Tabletten. Ich kann nicht ohne sie leben, ich komme nicht davon los.
Mit welchen Tricks hatte Kathie die Ärzte doch immer wieder dazu bekommen, ihr Tabletten aufzuschreiben?
Olga sagte: Einen Moment, bin gleich zurück.
Ich sah mich um. Rechts oben an der Wand hing ein rot eingerahmter Zeitungsausschnitt. Olga hatte ihn bestimmt nicht ohne Grund an die Wand geheftet.
„Drogen vom Doktor" hieß die Überschrift.
„Jährlich 44,5 Millionen Rezepte für Beruhigungsmittel" die Unterzeile.
Ich las: Die meisten dieser Mittel machen Patienten bei längerer Einnahme süchtig. Deshalb muß sich bei den

Ärzten noch einiges an Bewußtseinswandel vollziehen. Während die harten Rauschgifte und der Alkoholismus im Brennpunkt des öffentlichen Interesses stehen, wird der Arzneimittelsucht noch zu wenig Beachtung geschenkt.
Hier hat sich in den vergangenen Jahren eine lautlose Entwicklung vollzogen. Pro Tag und tausend Einwohner werden mittlerweile schon zwischen 150 und 250 Tagesdosen an Tranquilizern verbraucht.
Was für eine trostlose Bilanz.
Olga hatte sich also genau wie Kathie und viele andere zeitweise an Beruhigungsmittel gewöhnt und war abhängig geworden.
Sie kam zurück.

Olga nahm einige halb getrocknete Spitzwegerichblätter von der Zeitung vom Boden auf.
Ich fand es nicht gerade appetitlich und dachte an die Druckerschwärze, die jetzt an dem Spitzwegerich hing. Aber worauf hätte Olga die Blätter trocknen sollen?
Sie ging und holte heißes Wasser.
Nahm einige der Blätter auf und schüttete heißes Wasser darüber. Dann ließ sie den Tee erst einmal ziehen. Olga holte das Glas mit dem teuren Honig und bot mir wieder großzügig von dem kostbaren Honig an. Ich sagte, ich werde zu dick, ich trinke den Tee ohne alles. Ich werde auch zu dick, sagte Olga. Ab morgen will ich ein paar Tage gar nichts essen, das wird hart. Dann gibt es gar nichts mehr, auf das ich mich freuen kann. Das Essen ist nicht besonders, aber es ist einfach etwas zu essen. Und so schlingt man eben alles runter und findet es noch schlimmer zu hungern.

Es wird eine Probe sein, ob ich es schaffe zu hungern.
Olga setzte sich und hatte nun ebenfalls Probleme, ihre Beine unterzubringen. Sie setzte sich mit einem Ruck an die kalte Wand und drehte sich erst einmal eine Zigarette.
Sie deutete auf einen anderen Zeitungsartikel an der Wand.
Wieder sprach sie wie von einer fremden Person. Ihre Art, nicht immer wieder überwältigt zu werden von dem, was geschehen war?
Lies das! Drei Heroin-Tote in Frankfurt.
Ich las laut.
Drei Menschen sind am Wochenende in Frankfurt an den Folgen einer Überdosis Heroin gestorben. Dies teilte die Frankfurter Polizei am Montag mit.
Am Samstag wurde eine 26 Jahre alte Frau gefunden, die vermutlich schon seit 14 Tagen tot in ihrer Wohnung gelegen hatte. Zwei neben ihr liegende Spritzen ließen ebenfalls auf eine Überdosis Heroin schließen, meinte die Polizei.
Die Frau ist seit 1977 als Heroinabhängige bei der Polizei registriert gewesen.
Die 26jährige ist Marianne, meine Freundin aus dem Knast. Auch Ina hat vor einem Jahr ihre beste Freundin verloren, das hat sie sehr getroffen.
Wieder war zu einer Meldung geworden, was ein ganzes Leben beinhaltete. Ein Leben, das sinnlos vertan und zu Ende war.
Ohne Jurik hätte ich es nicht geschafft. Ohne Jurik wäre ich vielleicht auch so gefunden worden. Er war ein Schutz für mich, und dabei fing das alles so harmlos an. Was für ein Satz, dachte ich.

Am Dop war der Knast schuld. Ich sagte es ja, als ich das erste Mal hier war, kam ich an Dop ran. Dabei hätte meine Verurteilung wegen Diebstahls in meinem Lebenslauf wirklich genügt.

Sie haben mich damals auf einen Trakt gebracht, auf dem nur Frauen saßen, die lange Strafen verbüßen mußten.
Die Frauen vegetierten mehr vor sich hin, als daß man das wirklich Leben nennen konnte.
Die Frauen hatten keine Gesprächsthemen mehr. Sie lasen nichts mehr. Sie konnten über nichts sprechen. Worüber auch? Sie arbeiteten, aßen, schliefen, stritten.
Ich fand mich nicht zurecht. Nicht eine Frau, mit der ich mich anfreunden konnte. Mit der ich auch nur losen Kontakt bekam.
Sie hatten ein Einsehen und verlegten mich auf einen anderen Trakt. Aber da saßen die Dop-Frauen. Sie hatten andere Probleme als ich. Probleme, mit denen ich bisher noch nie konfrontiert worden war.
Ich war eine Diebin.
Wie kamst du an Dop?
Beim ersten Mal im Knast bekam ich nachts Angstträume und schrie oft. Die Dop-Frauen gaben mir Tee mit Hasch. Jit-Tee. Der schmeckte nicht besonders, aber ich fühlte mich im Kopf leichter.
Der Tag in P. bestand aus kleinen oder größeren Streitereien. Aus dem Putzeimer und dem Putzlappen. Ich mußte den Beton schrubben und das Essen austragen. Den Streitereien konnte ich nicht ausweichen. Sprach ich mit der einen, wurde die andere sauer.

Wir gingen keinem Streit aus dem Weg.
Wir waren eine Familie, die sich tatsächlich Tag und Nacht nicht aus dem Weg gehen konnte.

Die Streit suchte, die aber nicht tobend die Türen schlagen und das Haus verlassen konnte, um sich vielleicht bei einem Bier in der Eckkneipe wieder zu beruhigen. Oder bei einem Film. Oder bei einem Spaziergang.

Wir waren uns ausgeliefert. Tag und Nacht. Sahen uns morgens bei der Arbeit, beim Gang in den Hof, hörten uns nachts.

Eine der Frauen hatte Heroin unter großen Briefmarken reinschicken lassen. Eine andere hatte aus dem Urlaub etwas mitgebracht. Sie hatte es aber wahrscheinlich nicht aus Gutmütigkeit verteilt, sondern um neue Kunden zu bekommen. Damals hatte ich keinen Überblick. Damals litt ich nur unter dem Alltag im Knast. Ich konnte nichts mit mir anfangen, nichts mit dem Leben in Unfreiheit. Ich litt. Ich fieberte den Tagen der wenigen Ferien entgegen. Und ich zählte nur den Tag und den anderen Tag und rechnete, wann ich wieder draußen sein würde.

Das Mädchen überredete mich, es einmal auszuprobieren.
Ich setzte den ersten Schuß.
Er verursachte Übelkeit, Brechreiz, doch der Kopf wurde leicht.

Die Umgebung wurde leicht. Alles wurde gleichgültig. Ich dachte, wenn ich draußen bin, laß ich es wieder. Aber ich konnte es nicht. Und so scheiterte ich. Ich wurde zu einer der Rückfälligen.

Ich hatte beim ersten Mal die Chance bekommen, in den Freigang zu gehen, hatte einen der wenigen Plätze im Freigängerhaus ergattert.
Wir sprachen darüber, als Marlene noch bei uns war, du weißt? Ja! Ich sollte als Bürogehilfin arbeiten, später nahm ich an Kursen teil. Aber auch das mußte schiefgehen bei meinem fehlerhaften Deutsch, auch war meine Hand noch nicht in Ordnung. So stand ich bald mit anderen Mitschülern auf dem Schulhof und rauchte Hasch in der Pause. Abends wurden wir zwar kontrolliert, aber was tat das schon. Wir kamen ja doch an alles ran.
Und jetzt merkte ich, daß ich auch draußen das Zeug brauchte.
Ich war abhängig geworden.
Ich war süchtig.
Und so klaute ich nicht nur, weil das fast zu meinem Beruf geworden war, ich klaute, weil ich süchtig war.
Jurik wußte alles.
Olga drehte sich eine neue Zigarette. Jurik hat viel mitgemacht. Er schreibt so gut wie nie. Nein, er schreibt gar nicht. Aber er hat mir eine Platte von Bab geschickt. Seine Lieblingsgruppe. Das hat mich froh gemacht.
Er hat mich lieb und denkt nicht weiter darüber nach, wie es mir im Knast ergeht.
Er denkt nicht daran, daß ich gar keinen Plattenspieler habe. Er denkt, daß ich eben fort bin für eine gewisse Zeit.
Daß ich wiederkomme.
Jurik kommt nie an den Besuchstagen. Wir sehen uns nur an den wenigen freien Tagen, dann ist vom Knast keine Rede.

Ich war fort und bin da.
Einmal bin ich zu Jurik an meinen freien Tagen gefahren. Umsonst. Zuerst war ich enttäuscht, er war in einem Zeltlager. Aber dann hatte ich begriffen, so sehr vermißt er dich nicht; er ist unter Freunden, das ist das beste für ihn.
Wenn wir nur erst mal wieder zusammen sein dürfen. Warum habe ich nur soviel Zeit vertan?

Als ich mit 18 in Prag mein Abitur bestand, habe ich auch nicht gedacht, einmal in Deutschland im Knast zu landen.
Olga nahm einen Schluck Tee und dachte nach.
Als ich das Abitur bestand, war ich im dritten Monat schwanger. Ausgerechnet von einem Mitschüler, der gleich nach dem Abitur zum Militär einrücken mußte. Wir heirateten, aber das war der Wunsch meiner Eltern. Es ging natürlich schief.
Ich mußte zu meiner Schwiegermutter aufs Land ziehen, einer Frau, die ich nicht ausstehen konnte. Die Wohnverhältnisse dort waren schlimm. Es gab ein Schlafzimmer, eine Küche und ein schreiendes Baby. Ich, mein Mann, wenn er frei hatte, die Schwiegereltern und das Baby schliefen nachts in einem Zimmer. Es gab kein fließendes Wasser in der Wohnung, es gab nur eine Pumpe und einen Brunnen auf dem Hof. Und es gab viel Geschrei.
Ich schaffte es noch das erste halbe Jahr, auf die Universität in Prag zu fahren, um Jura zu studieren, aber dann gab ich das Studium auf.
Ich suchte mir eine Stelle in einem Hotel. Mir machte die Arbeit Spaß, ich lernte Menschen kennen, vor al-

lem Leute aus dem Westen. Da kam mir die Idee, nichts wie raus aus Prag mit dem Kind und in den Westen.
Im Hotel lernte ich einen jungen Mann kennen, der mir seine Telefonnummer in Hamburg gab. Wenn ich im Westen sei, solle ich ihn anrufen, er würde mir am Anfang helfen.
Meine Scheidung setzte ich durch und dann fuhr ich mit Jurik und einem kleinen Paket mit Kleidern an die Grenze. Daheim sagte ich nichts.
An der Grenze waren sie zwar sehr freundlich, aber sie schickten mich zurück. Nur, ich ließ mich nicht zurückschicken. Da meinten sie, ohne den Kleinen könne ich ruhig nach Hamburg reisen, aber ich sagte, ohne den Kleinen würde ich nicht fahren.
Ich blieb stur. Sie auch.
So saß ich vier Tage und vier Nächte in einem winzigen Raum an der Grenze und gab nicht auf.
Ein junger Tscheche hatte Mitleid mit uns. Er ließ mich mit Jurik laufen.
Olga schenkte die Tassen wieder voll.
So denkt man über Jahre nach, die man mit wenigen Sätzen gar nicht beschreiben kann.
Ich kam tatsächlich in Hamburg an, aber hier begann die Katastrophe. In einer Telefonzelle in Hamburg ließ ich mein Notizbuch mit allen meinen Adressen liegen. Ich glaube manchmal, diese Tatsache war der Anlaß zu dem ersten Scheitern hier, das das weitere Scheitern zwangsläufig nach sich zog.

Olga hat das Notizbuch aufgeschlagen. Jurik, zwei Jahre alt, schreit, er hat Durst. Olga versucht, die Telefonnummer des Bekannten zu wählen. Zu ihm will sie erst einmal gehen.

Jurik schreit und brüllt. Olga kommt mit dem Telefongeld nicht zurecht. Es ist heiß in der Zelle. Sie geht mit Jurik raus und versucht, etwas zu trinken zu kaufen. Viel Geld hat sie nicht.

Als sie wieder zurückkommt, merkt sie, daß sie ihr Notizbuch nicht mehr hat. Sie muß es liegengelassen haben. Es liegt nicht mehr da. Es ist weg. Weg mit allen Adressen von allen Leuten, die sie im Hotel kennengelernt hat. Vor allem aber ist die Adresse des netten Hamburgers verschwunden. Er wohnte nicht direkt in Hamburg. Irgendwo außerhalb. Sie weiß es nicht. Sie sucht seine Adresse. Sucht seinen Namen im Telefonbuch und gibt erst einmal auf.

Sie geht in ein Hotel garni. Aber bald ist das Geld alle, und sie hat keine Aufenthaltsgenehmigung.
Olga lernt einen Tschechen kennen, der bringt sie in eine Kneipe am Hafen. Sie gehört einem Jugoslawen. Der verspricht, ihr eine Aufenthaltsgenehmigung und eine Arbeitsgenehmigung zu verschaffen, wenn sie bei ihm arbeitet. Ohne beides ist sie verloren in der Bundesrepublik und muß zurück nach Prag.

So arbeitet sie in dieser Kneipe am Hafen. Von morgens sechs bis abends spät, um die Papiere zu bekommen. Sie hat in ihrem Leben noch nie so viel arbeiten müssen. Jurik und sie wohnen in einem Loch über der Kneipe.
Und sie bekommt die Arbeitserlaubnis.

Aber sie kann kein Deutsch, und solange sie das nicht kann, bleibt ihr nur die Kneipe. Von dieser kommt sie in eine andere. Sie hofft, daß es ihr da besser gehen wird. Die Wirtsleute haben eigene Kinder und mögen Jurik gern.

In dieser Gastwirtschaft lernt sie einen Mann kennen, einen Maurer. Nach einigen Wochen verlobt sie sich mit ihm.

Wenn ich ihn heirate, denkt sie, werde ich alle Sorgen los. Ihr Verlobter hat große Pläne, er will mit ihr nach Berlin gehen.
Jurik werden sie später nachholen.
Sie fahren nach Berlin. Aber in Berlin findet nur sie Arbeit, nachts in einer Bar als Bedienung.
Ihr Verlobter, der Maurer, sucht zwar Arbeit, aber in Wirklichkeit gibt er sich keine Mühe. Das merkt sie nach einiger Zeit.

An Weihnachten arbeitet sie in der Bar, und er betrinkt sich.
Sie ruft Jurik an, und er ruft Mami, komm schnell wieder. Da kehrt sie mit dem nächsten Zug zurück. Ihr Verlobter fährt mit ihr, doch daheim löst sie die Verlobung.
Der Traum von der kleinen Familie ist zu Ende.
Sie hat Pech. Bei den Wirtsleuten kann sie nicht mehr bleiben. Der Wirt hat im Lotto gewonnen, er gibt die Kneipe auf.

Wieder steht sie auf der Straße mit Jurik und muß eine neue Gastwirtschaft suchen. Sie findet auch eine. Sie fühlt sich am Anfang dort sehr wohl.

In der Gastwirtschaft zu arbeiten, ist für sie und Jurik das Bequemste, weil sie nachmittags einige Stunden frei und für Jurik Zeit hat. Sie muß ihn nicht weggeben. Schon bald merkt sie, daß der neue Wirt spielt und die Wirtin Freunde hat. Und was viel schlimmer ist, sie merkt, daß der Schnaps, den sie ausschenkt, nicht gekauft, sondern geklaut ist. Auch die Würstchen, die sie warm macht, sind geklaut. Ihre fidelen Wirtsleute sind pleite, und sie klauen alles, was sie brauchen, zusammen. Sie fordern sie auf, Schmiere zu stehen, aber da macht sie nicht mit. Sie bleibt weiter da und schenkt den geklauten Schnaps aus und macht die geklauten Würstchen warm.
Sie erinnerte sich wieder, wie sie als kleines Mädchen von vielleicht acht Jahren klaute und einmal erwischt worden war.
An dem Tag, damals, als sie ihre Mutter um Verzeihung bitten sollte und es nicht tat und die Prügel bekam, die Treppe rauf und runter und wieder rauf und wieder runter, in dem alten Treppenhaus in Prag, hat sie nachmittags einer Frau die Bernsteinkette gestohlen. Sie gehörte einer Dame, die auf einer Bank saß und las. Wie sie es fertiggebracht hatte, weiß sie nicht mehr. Die Kette hatte sie danach weggeworfen.
Von da ab versuchte sie, Geldbeutel zu stehlen.

In der Kneipe in Hamburg fängt die Klauerei nun richtig an. Eines Tages kommt ein smarter junger Mann in die Wirtsstube, er ist mit den Wirtsleuten befreundet. Was sie sehr bald erfährt, er kommt frisch aus dem Knast.
Er und die Wirtsleute sind dicke Freunde.

Es ist Willi, der fidele Autoknacker. Seine Familie verabscheut ihn, seine Familie will nichts mehr von ihm wissen. Das war spätestens der Moment, wo sie und Jurik die fidele Gesellschaft hätten verlassen müssen. Früher schon, als sie anfing, den Schnaps auszuschenken.
Da hatte sie nachgegeben.
Willi ist vergnügt und treibt seine Scherze mit allen. Olga findet ihn nett. Er findet Olga nett. Doch was viel entscheidender ist, Willi erkennt, daß sie gut zusammenpassen. Sie klauen beide. Sie sind darin Naturbegabungen.
Nun steht Olga Schmiere. Sie steht Schmiere bei Willi. Sie steht da, wenn der flotte Willi die Autos knackt. Aber der flotte Willi bricht nicht nur Autos auf, er bricht auch in Antiquitätenläden ein. Auch da steht sie Schmiere, anstelle so weit zu laufen und von Willi weg, wie es ihr nur überhaupt möglich wäre.
Willi holt schöne, alte Waffen. Er schwärmt selbst für schöne, alte Waffen, so daß er einen Teil der Waffen behält und daheim überall aufhängt.
Das schönste Stück prangt über dem Fernseher.
Olga und Willi ziehen zusammen.
Sie hört in der Kneipe auf. Sie werden nun keine bürgerliche Familie, wie es mit dem Verlobten geplant war, sie werden eine Familie, die bald polizeilich gesucht wird.

Der flotte Willi hat von all seinen Diebereien nichts, wenn er nicht bei seinen Freunden damit prahlen kann. In der Kneipe sagt er laut, daß er alles für seine Freunde zusammenstehlen kann, was sie nur wollen.

Sagt, was ihr braucht, ich hole euch alles.

Sie wohnen genau an einer Bushaltestelle im Parterre. Das Schlafzimmerfenster geht auf die Haltestelle hinaus. Morgens, um sechs, reißt Willi manchmal das Fenster auf und brüllt hinaus, ihr Idioten mit euren bleichen Gesichtern, ihr geht zur Arbeit und ich, ich muß lachen.

Ihr Dummköpfe! Ich gehe wieder ins Bett.

Dann wirft er das Fenster zu, sie hören ihn immer noch lachen. Das kann ja nicht ewig gutgehen.

Er hat inzwischen zwei Sportwagen. Jeder weiß, daß der flotte Willi keiner geregelten Arbeit nachgeht. Noch geschieht nichts. Durch einen Zufall aber kommt Olga zum Stehlen.

Willi bringt seine Uhr zur Reparatur. Und sie geht mit. Schon aus Gewohnheit steht sie da und schaut sich um. Und eh sie sich recht bewußt wird, hat sie schon einige Schmuckstücke eingesteckt. Als sie aus dem Laden draußen sind, zeigt sie Willi die Ringe.

Damit beginnt ihre Karriere als Diebin. Von da an übernimmt sie ihren Anteil am Klauen.

Nun steht der schöne Willi Schmiere und hat Angst. Es ist nicht so, daß er so ungerührt und kalt ist, wie er tut. Er hat wirklich Angst.

Und so ist ihm Olga überlegen.

Olga entwickelt großes Talent. Sie steht da, kann mit einem Verkäufer reden und gleichzeitig ein Schloß in ihrem Rücken an einem Schaufenster öffnen und Schmuck entwenden.

Sie hat auch bald einen Instinkt für die wertvollsten Stücke. Willi interessiert sich nicht für die Fassungen,

er interessiert sich nur für die Steine. Die Fassungen läßt er liegen. Er läßt die Fassungen sogar daheim in einer Schublade seiner Kommode liegen.
Aber das weiß Olga nicht. Sie geht nie an seine Sachen. Außerdem hebt er seine schönsten, gestohlenen Waffen im Wohnzimmer auf.
Eines Tages werden sie verpfiffen. Sie werden nicht beim Stehlen erwischt, einer der Freunde denunziert sie.
Und so findet die Polizei Olga und Willi, die geklauten Waffen und alle Fassungen des gestohlenen Schmucks in der Wohnung. Sie haben es der Polizei wahrlich leicht gemacht.
Olga steht da mit Jurik und weiß zunächst nicht, wo sie ihn unterbringen soll, wenn sie in die Haft muß. Sie hat jetzt einen deutschen Namen und einen deutschen Mann, der bereits in Untersuchungshaft ist.
Sie hat Haftaufschub bekommen, ähnlich wie Marlene, aber aus dem Grund, Jurik erst einmal richtig unterzubringen.
Olga sucht und findet eine Familie mit einem gleichaltrigen Jungen. Sie nimmt Jurik auf.
Erst dann geht sie in Untersuchungshaft. Olga geht mit einem Koffer nach P.
Allein kommt sie an der Pforte in P. an.
Die Tür schließt sich hinter Olga wie hinter jeder Gefangenen.
Olga wird verurteilt und muß die Strafe antreten. Sie kommt zum ersten Mal ins Gefängnis.

Plötzlich sagte Olga, mir fällt etwas auf, Ruth, ich bin mir immer noch nicht sicher, ob ich meine speziellen Probleme des Stehlens im Griff habe. Ich habe schon einmal probiert, als ich einen Tag Ferien hatte, durch ein Kaufhaus zu streifen, und ich habe nichts genommen.

Ich merkte sogar, daß ich einen Widerwillen gegen die Sucht zu stehlen hatte. Ich will nicht mehr stehlen.

Warum hat das mit dem Stehlen überhaupt angefangen? Habt ihr hier darüber gesprochen?

Nein, keiner der Psychologen hat danach gefragt. Alle stürzten sich auf das Suchtproblem.

Vielleicht hat die Stehlerei angefangen als Protest gegen meine Mutter, aber das kann ich nicht beurteilen.

Deine Mutter? Wie war das mit euch beiden?

Meine Mutter ist Russin, und mein Vater war Tscheche. Mein Vater ist tot.

Ich kenne meine Mutter nur als verbitterte Frau. Im Krieg hat sie meinen Vater in einem Lager kennengelernt. Sie hat als Partisanin gegen die Deutschen gekämpft, sie war gefangen und in ein Lager nach D. gebracht worden. Dort hat sie meinen Vater kennengelernt. Er war Gefangener wie sie im gleichen Gefangenenlager.

Ich dachte an die Mauer, die Teppichstange, die Kartoffelschalen. Das Brot. Das Wort Hunger und die Ratten.

Begegnungen.

Schicksale!

Mein Vater war ein gutmütiger, rundlicher Mann, der sein Bier brauchte, arbeitete, trank und niemandem et-

was zuleide tat. Der einfach so vor sich hinlebte. Und die Mutter? Viel hatte sie von meinem Vater eigentlich nicht.
Vielleicht klammerte sie sich deshalb so an mich, ihre Tochter, so absurd das klingt.
Und doch war sie nicht fähig, mich wirklich zu lieben und mich zu erziehen. Entweder schlug sie zu, oder sie bot mir Geschenke zur Versöhnung an; was mir als Kind genauso peinlich war.
Ich verachtete meine Mutter.
Manchmal mußte ich stundenlang auf Erbsen knien und um Verzeihung bitten, aber ich bat niemals um Verzeihung, dazu brachte sie mich nie.
Doch ich verachtete sie in diesen Momenten und haßte sie.
Und heute?
Vor ein paar Jahren habe ich sie zum ersten Mal wiedergesehen. Ich habe sie nach Deutschland eingeladen. Aber wir verstanden uns immer noch nicht.
Damals ging es mir ganz gut. Ich trank nicht viel. Ich war mit Willi zusammen und mit Jurik.
Willi ließ uns meistens abends allein. Dann versuchte ich, mit der Mutter zu reden. Die Mutter ging auf nichts ein. Verstand nichts, machte mir Vorwürfe. Sie war weinerlich. Jede Diskussion endete mit Tränen.
Die Mutter saß da und schrie mit ihren 78 Jahren laut, Olga, was bist du so undankbar. Du bist ein undankbares Kind, immer gewesen. Ich habe alles für dich getan. Du hast nichts für mich getan.
Ich habe mich für dich aufgeopfert.
Ich bekomme jetzt noch eine Gänsehaut, wenn ich daran denke.

So etwas habe ich noch nie zu Jurik gesagt. So etwas habe ich auch noch nie empfunden. Auch wenn mein Anfang in Deutschland ohne meinen Sohn sicher leichter gewesen wäre.

Nun wußte ich, es hatte keinen Sinn, mit der Mutter zu diskutieren.

Meine Mutter wünschte sich einen Pelzmantel. Für sie waren die Geschäfte in München alle ein kleines Paradies.

Meine Mutter schimpfte über ihre Haare, die so dünn geworden waren. So ging ich in die Stadt und klaute ihr einen Pelzmantel und eine passende Perücke.

Mit Pelzmantel und Perücke fuhr meine Mutter zufrieden zurück.

Daß das alles gestohlen war, wußte sie nicht. Sie hielt nun ihre Tochter für wohlhabend. Sie war zufrieden. Nun konnte sie den Nachbarn in Prag berichten, daß ihre Tochter ihren Weg gemacht hatte.

Juriks Vater hatte wieder geheiratet, erfuhr ich. Es sollte ihm nicht gut gehen.

Lange wußte ich nichts von ihm, ließ ihn aber auch nicht wegen der Alimente vom Roten Kreuz suchen. Was hätte er mir in dieser Währung schon zahlen können? Ich wollte nichts von ihm.

Wie war das, als sie dich zum zweiten Mal erwischten?

Einmal wird jede erwischt. Es geht immer nur eine Zeitlang gut.

Hast du dich auch nicht in M. erwischen lassen wollen?

Hast du deshalb nicht die Arme so weit ausgestreckt, die Hände hochgehalten, damit sie dir die Handschellen anlegen konnten, damals in M.?

Wußtest du nicht damals bereits, wohin du auch rennen würdest, daß du letztlich in die Falle liefst?
Ja, unbewußt.
Die Radios plärrten wieder in P. Alle durften Musik hören. Eine große Vergünstigung. Sie hatten es gut in P.
Aber sie hatten Olga damals nicht nach P. gebracht, sondern nach M.
Da wußte sie erst, was es wirklich hieß, eingesperrt zu sein.

Sie war eingeschlossen Tag und Nacht. Sie durfte nur am Tag für eine Stunde in dem Hof spazierengehen. Da konnte sie nichts weiter tun, als um die Teppichstange herumlaufen. Immer im Kreis, immer im Kreis. Jedes Tier hat mehr Auslauf, dachte sie.
Das Schlimmste, in der Zelle konnte sie nur die Wände anstarren, die mit den verschiedensten Kritzeleien vollgeschrieben waren. Vor den Fenstern waren Milchglasscheiben.
Noch nicht einmal den Himmel konnte sie sehen, noch nicht einmal den Himmel. Nicht die Wolken beobachten. Sie war ein hilfloser Mensch, allem ausgeliefert, sich selbst ausgeliefert.
Sie fing an nachzudenken. Sie wehrte sich sogar nicht mehr so verzweifelt gegen den Knast. Sie betrachtete ihre Hand und wußte, daß die nächste Operation fällig war.
Sie fing an zu kämpfen, sie wollte nach Frankfurt in die Klinik, und sie wollte wieder nach P. verlegt werden. Es gelang ihr.

Durch einen Zufall traf sie den gleichen Arzt in der Klinik wieder. Er operierte sie.
Im Krankenhaus begegnete ihr die Krankenschwester. Olga weiß nicht, wie die Schwester heißt. Sie hat ihren Namen vergessen. Für sie heißt sie immer nur die Krankenschwester. In all ihren Überlegungen nennt sie sie die Krankenschwester.
Die Schwester sollte an dem gleichen Tag gehen, an dem sie im Krankenhaus eingeliefert wurde. Aber ihre Kündigung war nicht angenommen worden.
Olga glaubt nicht mehr an Zufall, sie hält das für Schicksal.
An dem Tag, an dem Olga aus dem Krankenhaus entlassen wird, um zurück in den Knast zu gehen, geht auch die Krankenschwester und tritt eine neue Stelle an. Die Schwester redet mit Olga. Sie versteht Olga. Sie macht ihr Mut.
Zum ersten Mal sagt ihr ein Mensch, daß sie etwas taugt. Daß sie nicht schlecht ist.
Sie sagt auch, daß sie sich selbst helfen kann. Daß es nur an ihrem Willen liegt, daß sie sich befehlen kann, ein anderes Leben anzufangen.
Der Welt fehlt Liebe, sagt sie.
Liebe ist die größte Therapie der Welt.
Sie sprechen über das Meditieren. Olga lernt viel von ihr.
Auch, daß sie jetzt keine Angst mehr überfällt, wenn sie das Schloß der Zellentür verriegeln und den Riegel zuknallen.

Ich bin nicht mehr ängstlich. Ich ruhe in mir. Alles ist in mir.

Schade, daß sie mir noch nicht erlauben, draußen mit der Therapie anzufangen, sagte Olga. Wenn sie mir es nicht erlauben, muß ich hier noch zwei lange Jahre absitzen. Wenn ich diese beiden Jahre anstelle im Gefängnis in einer Therapie draußen in Freiheit verbringen dürfte, wäre das geschenktes Leben.
Ich darf nicht ungeduldig werden.
Ich habe mir sehr viel zuschulden kommen lassen.
Jetzt vertrage ich den Knast besser, Ruth. Ich bleibe, wenn es sein muß, es bleibt mir ja auch nichts anderes übrig.
Wenn sie die Tür abends schließen, meditiere ich.
Ich versuche neue Kräfte in mir zu entdecken.
Ich weiß, daß ich alles in mir habe, noch etwas mit meinem Leben anzufangen und wieder für Jurik da zu sein.
Willi und ich, das ist vorbei. Es war eine schlechte Partnerschaft.
Warum macht man nur so viele Umwege im Leben? Geht eine Ehe ein, die eigentlich keine ist. Sieht nicht, was wesentlich ist und rennt nur dem Geld nach?
Wird man nicht ungeduldig, Olga, wenn man glaubt, auf dem richtigen Weg zu sein? Sich geändert zu haben? Sich ausprobieren will in Freiheit, und es doch nicht darf?
Erträgt man da die Haft überhaupt noch?
Wer will erkennen, wer sich von uns geändert hat?
Wo eine Wandlung stattgefunden hat?
Kommt man nicht dazu zu denken, daß das System sehr ungerecht sei?
Das ist es schon, aber wie soll es anders möglich sein? Zum Beispiel zwei Frauen durften in Therapie gehen,

und was haben sie gemacht? Sie sind abgehauen am ersten Tag. Für sie war das alles nur ein Vorwand.
So etwas schadet uns allen.
Daran ist aber nichts zu ändern, das ist die Situation.
Die Menschen sind eben so.
Wieder das schrille Lautsprecher-Gebrüll, irgendeine Durchsage.
Warum erschrecke ich nur so, sagte ich, wenn diese Stimme losbrüllt!
Eine junge Frau, sie konnte kaum älter als 21 sein, sonst wäre sie ja noch auf der Jugendstation, brachte die Nagelfeile zurück. Olga bedankte sich und sagte, magst du einen Tee. Nein!
Ich mache mir Sorgen um Melanie, sagte Olga.
Olga war jetzt müde. Sie hatte auch schon eine anstrengende Gruppensitzung mit der Fürsorgerin hinter sich. Ich war auch müde.
Ohne viel Aufhebens sagte Olga, Ruth, geh jetzt, bitte.
Es ist ein so schöner Sommertag und noch warm draußen. Ich ließ Olga nur ungern da.
Keine der Frauen hatte je gefragt, wenn ich mich verabschiedete, was ich draußen anschließend machen würde.
Auch Olga fragte nicht. Sie sagte nur tschüs und gab mir einen Kuß auf die Wange. Dann brüllte sie Aufsicht, lassen sie Ruth wieder raus.

Ich stand gerade auf der Treppe zum Vorhof, als ein Trupp Mädchen aus der Seitentür kam. Sie trugen wieder Schüsseln mit etwas Eßbarem.
Jetzt wurde draußen das äußere Tor aufgemacht. Ein weißes Polizeiauto fuhr in den Torbogen. Das zweite

Gitter wurde hochgerollt, und der Wagen fuhr bis zur Treppe durch.
Die Mädchen in den blauen Kitteln blieben stehen.
Zwei junge Polizeibeamte kletterten aus dem Wagen.
Sie öffneten eine Tür der weißen Minna, und ein Mädchen von vielleicht 16 oder 17 Jahren kletterte heraus.
Ihr Scheißbullen, rief eines der Mädchen, könnt ihr die Kinder nicht mal samstags in Ruhe lassen. Laßt sie wenigstens über Sonntag noch draußen.
Die jungen Polizisten reagierten nicht auf das Wort Scheißbullen. Sie sahen noch nicht einmal zu dem Trupp Frauen hin.
Einer nahm das Mädchen freundschaftlich unter dem Ellenbogen und half ihr aus dem Wagen.
Keiner der Polizisten hielt das Mädchen fest.

Da stand ich als Kind in dem kleinen Holztempel im Schwarzwald. Ich war mit vielleicht zehn Kindern vom Kinderheim dort, alle spielten. Die kleine Schwester auch. Ich nicht.
Die Mutter hatte uns vor knapp einer Stunde im Kinderheim abgeliefert. Mich und die Schwester.
Ich überlegte, wie ich es anstellen könnte fortzulaufen.
Die Mutter hatte mir immer wieder das Versprechen abgenommen, ja auf die kleine Schwester aufzupassen.
Ich haßte deshalb die kleine Schwester. Ich hatte ihr wütend ans Bein getreten, als die Mutter fort war. Die Schwester hatte geweint.
Da hatte das Aufsichtspersonal gesagt, paß auf deine kleine Schwester auf, damit sie nicht so brüllt. Du bist alt genug. Kümmere dich um sie.

Ich war wütend auf meine Schwester, die schon fröhlich auf und ab hüpfte, und wütend auf die Mutter.
Plötzlich sah ich den Ausschnitt eines Gesichts und eine Hand.
Jetzt sah ich das Gesicht der Mutter, die heimlich über die Brüstung sah. Sie machte pst.
Ich wollte rufen, zu ihr laufen, aber sie machte wieder pst, gebot mir zu schweigen.
Dann sah ich, wie die Mutter zärtlich zur Schwester hinsah und zufrieden lächelte. Die kleine Schwester fühlte sich wohl. Die Mutter machte noch einmal pst, duckte sich und war verschwunden.
Ich kam mir verlassen und verraten vor.

Die Polizisten führten das Mädchen rasch zur Tür unterhalb der Treppe zur Kleiderkammer und verschwanden mit ihr.
Nun begann für dieses Kind der lange Weg.
Es bekam seine persönlichen Sachen abgenommen. Je nachdem, wer gerade Dienst hatte, würde man sie freundlich und verständnisvoll behandeln oder sie anraunzen. Hier begann der Knast Wirklichkeit zu werden.
Ein Mensch war nicht mehr frei.
Ich bekam meine Papiere und durfte gehen.
Als ich daheim ankam, sagte mein Sohn, du machst so ein bekümmertes Gesicht. Erzähl, wie war es dieses Mal?
Etwas gefiel ihm nicht an meinem Verhalten.
Ich lade dich zu einem Eis ein, sagte er spontan.
Kathie soll in einem miesen Hinterhaus wohnen, wirklich das letzte. Besuchen wir sie mal?

Zwei Tage später kam eine Karte von Olga. Sie schrieb, es wird ein neues Freigängerhaus gebaut. Der Gefängnishof vor unserer Bibliothek wird sehr viel kleiner werden.
Sie haben unseren Kastanienbaum abgesägt. Wir standen an den Fenstern. Als er umfiel, haben wir alle geweint.
Übrigens, nächsten Samstag gibt es unser traditionelles Fest im Knast. Du verstehst.
Die smarten jungen Musiker kommen und bauen die Lautsprecher auf und spielen. Sie sehen dann zu, wenn einige wenige Mädchen miteinander tanzen und knutschen.
Ich suche die Ecke, in die ich mich verkrümeln kann, so daß mich keiner mehr findet.

Ich fuhr noch den ganzen Winter über nach P.
Gegen Weihnachten war nur noch Olga da. Sie, die sich so sehr wünschte, vorzeitig entlassen zu werden, um den Rest der Strafe in Therapie draußen zu verbringen, schaffte das nicht.
Sie kam nur von der Motivationsstation auf die Therapiestation in Preungesheim selbst. Bei dem letzten Besuch wirkte sie wie ein Kind, das nun langsam anfing, den Vorgesetzten zu gehorchen. Sie war ängstlich und darauf bedacht, ja alles richtig zu machen.
Sie hatte Angst, sich aufschließen zu lassen, um mit mir in die Bibliothek zu gehen.
Frau B., die zufällig vorbei kam, sagte nur, na Olga, du kannst doch auch aus der Therapiestation raus. Wir kennen dich doch.

Frau B. sagte, die Richter bleiben merkwürdig stur in ihrem Fall. Sie ordnen noch nicht einmal eine Urinprobe an, um festzustellen, daß sie clean ist. Und sie ist es.

Olga schrieb mir ein halbes Jahr später, sie warte immer noch, daß die Richter ein Einsehen hätten und ihr einen Teil der Strafe erlassen würden. Mein Wunsch ist, wieder eine Frau zu sein wie alle. Würde zu haben. Wie alle zu leben, ganz normal und alltäglich, mit allem, was ich jetzt bin. Ich bin ein anderer Mensch geworden.
Wie furchtbar, wenn ich jetzt sterben müßte, ohne lebendig gelebt zu haben.
Barbara war im Freigang in L. Sie arbeitete tagsüber in einem großen Ausflugslokal als Kellnerin. Sie schrieb Olga, daß sie oft Herzschmerzen habe und sich krank fühle. Die Rückkehr abends in das Freigängerhaus falle ihr schwer. Sie sehne sich nach ihrem Mann, dem Kind und der Freiheit.
Ina versuchte, das Abitur nachzumachen.
Frau B. war skeptisch. Sie ist schwach. Sie braucht einen Menschen, der sie mitzieht. Hoffentlich hält sie durch und fängt nicht wieder an.
Silvie hatte es endlich auch geschafft. Sie würde weiter studieren.
Melanie war in ein anderes Gefängnis verlegt worden.
Astrid tat sich schwer. Es war nicht leicht, Geld für sich, ihren Mann und das Kind zu verdienen. Ihr Mann bekam keine Arbeit. Sie rief an und bat darum, mich besuchen zu dürfen.
Ina rief an. Ich sagte komm, ich gebe dir das Geld für die Fahrkarte.

Kathie war seit Wochen ausgezogen. Ihre Wohnung im Hinterhof in der Altstadt war tatsächlich der Abstieg. Max war rückfällig geworden.
Überraschend rief Kathies Vater an. Kathie sei in Preungesheim. Das Kind käme zu Pflegeeltern. Mehr könne er zur Sache nicht sagen. Er habe mich nur informieren wollen.
Ich fuhr nach Preungesheim. Ich wollte Kathie sprechen. Aber ich durfte Kathie nicht sehen. Kathie war auf der Krankenstation.
Ich traf Olga.
Ich hatte für Olga ein Paket abgegeben. Olga bekam bestimmt von niemanden sonst etwas geschenkt.
Olga war so bescheiden, hatte nie einen Wunsch geäußert, wenn ich einmal in P. war.
Als ich ihr erzählte, daß ich Schwierigkeiten mit meiner Christusfigur hatte, war sie es gewesen, die mir Mut gemacht hatte. Und Olga versprach jetzt auch, sich nach Kathie zu erkundigen. Vielleicht, sagte sie, kann ich ihr helfen.
Nur nicht aufgeben, Ruth.
Ja, nur nicht aufgeben, Olga.
Ein Scheitern ist noch kein Untergang.
Wir geben nicht auf.